陈　强／著

高校思想政治理论课『五维一体』实践教学体系构建研究

辽宁人民出版社

图书在版编目（CIP）数据

高校思想政治理论课"五维一体"实践教学体系构建
研究 / 陈强著． -- 沈阳：辽宁人民出版社，2025．3．
ISBN 978-7-205-11468-8

　Ⅰ．G641

　　中国国家版本馆 CIP 数据核字第 2025L74Z46 号

出版发行：辽宁人民出版社
　　　　　地址：沈阳市和平区十一纬路 25 号　邮编：110003
　　　　　电话：024-23284325（发行部）　　024-23284300（发行部）
　　　　　http：//www.lnpph.com.cn
印　　刷：辽宁一诺广告印务有限公司
幅面尺寸：170mm × 240mm
印　　张：14
字　　数：210 千字
出版时间：2025 年 3 月第 1 版
印刷时间：2025 年 3 月第 1 次印刷
责任编辑：张天恒　　王晓筱
装帧设计：逸诺设计
责任校对：吴艳杰
书　　号：ISBN 978-7-205-11468-8
定　　价：68.00 元

前　言

习近平总书记对学校思政课建设作出重要指示，强调不断开创新时代思政教育新局面，努力培养更多让党放心、爱国奉献、担当民族复兴重任的时代新人。高校作为培养高素质人才的重要场所，其核心使命就是为社会输送具有良好专业素养、创新精神和社会责任感的人才。在不同的历史时期和社会发展阶段，高校的教育教学工作面临着各种挑战和变革，但人才培养质量始终是贯穿其中的主线。实践教学既是思政育人的重要抓手，也是提升思政课教学质量和实效的重要途径。

当前，党和国家对高校思想政治理论课高度重视，高校思想政治理论课的改革发展面临前所未有的大好机遇。2022年，教育部等十部门印发《全面推进"大思政课"建设的工作方案》，提出"构建实践教学工作体系；落实思政课实践教学学时学分；组织开展多样化的实践教学；建好用好实践教学基地"。各高校不断尝试和探索思政课教学的改革创新，理论教学成果越来越丰硕，实践教学也受到前所未有的重视，在实际操作中也不断得到加强，在实践教学和实践育人工作方面成效显著。然而，实践教学的改革创新始终是高校思想政治理论课的短板与薄弱之处。目前，在这一方面与培养拔尖创新人才的要求仍存在一定差距。如何强化实践教学环节、提高实践教学效果，依然是一个十分重要的研究课题。还需要我们不断探索新形式、赋予新内容、谋求新发展、再上新台阶。新的时代需要我们有新的作为、新的贡献。

为进一步深入贯彻落实中共中央、国务院以及教育部等部门关于高校思想政治理论课实践教学的要求，全面推动习近平新时代中国特色社会主义思想进教材、进课堂、进头脑，围绕思想政治理论课实践教学管理体系、教学课程体系、实践基地、网络意识形态、考评体系，编写了《高校"五维一体"思政课实践教学体系构建研究》一书。本书共分七个部分：绪论　实践教学在高校思想政治理论课中的重要地位；第一章　高校思想政治理论课实践教学体系的构建；第二章　高校思想政治理论课实践教学管理体系建设；第三章　高校思想政治理论课实践教学课程体系建设；第四章　高校思想政治理论课实践教学基地建设；第五章　高校思想政治理论课实践教学网络意识形态建设；第六章　高校思想政治理论课实践教学考评体系建设。另附参考文献。

在本教材的编写过程中，我们学习、借鉴了一些学者、专家的相关研究成果，对此我们深表感谢。囿于水平和能力，本教材难免有疏漏之处，期待读者批评指正！

编者

2024 年 10 月

目　录

第四章　高校思想政治理论课实践教学基地建设

第五章　高校思想政治理论课实践教学网络意识形态建设

第六章　高校思想政治理论课实践教学考评体系建设

绪 论

实践教学在高校思想政治理论课中的重要地位

实践是认识的来源，实践活动是人们满足自身发展需要的基本存在方式。把握好实践与认识的关系，是处理社会发展现实矛盾的基本前提。历史和实践也充分证明，学习是文明传承之途、人生成长之梯、政治巩固之基、国家兴盛之要。而学与用、知与行的关系，是学习的核心问题。用学之实，固在促学。用以促学，"用"是学习的动力源泉。回顾人类社会发展的历史，任何新知识、新方法，都是在社会生活和实践提出新问题之后，人们为了解决问题探究和发明的。习近平总书记高度重视实践应用，在思政课教学方面，指出"要高度重视思政课的实践性，把思政小课堂同社会大课堂结合起来"①，强调理论学习与实践教育在思政课教学中相辅相成、内在统一的关系。在落实思政课"立德树人"的关键环节上，实践教学发挥着越来越重要的作用和价值。立足于新时期的发展，实践教学作为辅助课堂教学的有效教学形式，也是新时代要求高校思政课开展的主力方向和创新要点。

————————

① 习近平. 在学校思想政治理论课教师座谈会上的讲话［J］. 求是，2020（22）.

一、高等教育中的实践教学概述

实践教学作为辅助课堂教学的有效教学形式，也是新时代要求高职院校思政课开展的主力方向和创新要点。引入实践教学，目的在于进一步深化思政课理论知识的创新教学路径，通过实践的方式，让学生进一步领悟思政理论知识的重要内涵。

（一）实践教学的内涵

"实践教学"的概念由"实践"和"教学"两个词组成。因此，我们在弄清"实践教学"的科学内涵前，首先必须正确理解"实践"和"教学"的含义。何谓"实践"？按照《现代汉语词典》（第7版）的解释，"实践"一词包括两层含义：一是指实行（自己的主张），履行（自己的诺言）；二是指人们有意识地从事改造自然和改造社会的活动。中国很久以前就有"读万卷书，行万里路"的古训。在我国哲学中，认识和实践的关系表述为知与行的关系。其主要观点有：知易行难、知重行轻、行先知后、知轻行重、知先行后、知行合一、知难行易等。作为一种社会现象，实践同样也引起西方哲学家的关注。在西方哲学史上，亚里士多德最早将实践作为一个哲学范畴加以研究，他将人类活动分为理论、实践和制作三种。理论活动不以任何外在目的为目的，仅以自身为目的，即为了求知而求知，求知本身就是目的。另一位德国哲学家费尔巴哈则提出了不同的观点，他将生活与实践联系起来，提出"人的实践活动是感性的活动"的观点。他的这一解释对人们认识实践有一定的积极作用，但也存在一些不足。

实践的观点是马克思主义哲学首要的、基本的观点。哲学是在人类实践活动的基础上产生的，产生以后对实践也发生了反作用，即改变世界的作用。马克思在《关于费尔巴哈的提纲》一文中指出："从前的一切唯物主义——包括费尔巴哈的唯物主义——的主要缺点是：对对象、现实、感性，只是从客体的或者直观的形式去理解，而不是把它们当作人的感性活动、当作实践去理解，不是从主体方面去理解。因此，结果竟是这样，和唯物主义相反，唯心主义却把能动的方面发展了，但只是抽象地发展了，因为唯心主义当然是不知道现实的、感性的活动本身的。"①

马克思正是在批判继承前人的基础上，克服了以往唯心主义关于"实践"一词的片面性理解问题，提出实践是以感性的外在化的方式体现着人的内在本质力量，是人的现实的感性活动，人类的实践活动体现了主体客体化和客体主体化的统一。从主体和客体的关系诠释实践概念的内涵，是理解实践概念的基本立足点。主体和客体是活动论范畴，实践、认识和价值所体现的都是主体和客体之间的关系。其中，主体就是在一定的历史条件下进行实践活动的人，即现实的人；而客体则是实践活动所指向的对象。实践只是主体与客体相互作用的活动之一，还包括认识活动、审美活动和价值活动等。事实上，实践既是人改变世界的活动，即主体改变客体的活动，又是创造价值的活动。一般来说，人类实践活动主要包括创造物质财富的生产实践活动、处理社会关系的管理实践活动和交往实践活动、探索真理的科学实验活动。

何谓"教学"？从词源看，"教"和"学"这两个字，在商代甲骨文中已经使用，"教学"一词则最早出现在《书·商书·说命》中。《礼记·学记》中提出了"教学为先""教学相长"等命题，表明"教学"作为词组使用已经常态化。无论中外，"教"的基本含义是传授，"学"的基本含义是仿效，"教学"

---

① 中共中央马克思恩格斯列宁斯大林著作编译局.马克思恩格斯选集：第一卷［M］.北京：人民出版社，2012：137.

的基本含义是传授和学习。教学是教育学的内生概念。教育学的各种概念，从来源看，大体可以区分为内生概念和外来概念两大类。所谓内生概念，就是从教育活动、教育实践中提炼出来的概念，通常是对教育现象、过程和规律的深刻总结与抽象表达。教学作为人们惯用的日常概念和教育学的学术概念，其来自人们对社会生活中文明经验传承过程的抽象和概括，因而是典型的内生概念。人们对教学概念的理解，往往受到自身经验的启发，并容易为自身经验所局限。而通常意义上，我们所说的教学是由教师与学生共同组成的一种教育活动，是在教师启发引导下学生有计划、有目的、有组织、积极主动地学习系统文化科学知识和基本技能、发展智力、陶冶品德、形成全面发展个性的培养人的活动。

实践教学是相对于理论教学而言的。根据上述关于"实践"和"教学"两个概念的解释，实践教学强调学生在真实或模拟的情境中，通过实际操作、亲身体验、调查研究等方式，将所学的理论知识应用于实践，以加深对知识的理解和掌握，提高解决实际问题的能力。实践教学最显著的特点就是强调实践。学生通过参与各种实践活动，将理论知识与实际操作相结合，提高自己的动手能力和实践技能。例如，在工程专业中，实践教学可能包括实验课程、课程设计、实习实训等环节。学生在实验课程中亲自动手操作实验设备，验证理论知识；在课程设计中，综合运用所学知识进行工程设计；在实习实训中，到企业或工程现场参与实际项目，了解工程实践的全过程。

实践教学的主体回答的是"谁是实践教学的承担者""谁在教"的问题。教学活动是一种特殊的实践活动，实践教学的主体至少可以从两个方面去理解：一方面，在现有的教学活动中，教师是实践教学的组织者、承担者，在整个教学过程中按照一定的教学目的和教学要求开展教学活动，学生是教师的授课对象，因此，教师是主体，学生是客体；另一方面，学生是实践活动的参与者，在参与过程中，既是认知（实验）对象，同时还是实际改造（生产）对象，因此从这个意义上来说，学生又是主体。所以，在开展实践教学活动过程中，就必须充分发挥好教师和学生的双主体作用。

实践教学的客体回答的是"谁是实践教学的对象"的问题。同样，实践教学的客体也可以从两个方面去理解：一方面，在实践教学过程中，学生是受教育者、实践教学的作用对象，是相对于教师这一主体的客体；另一方面，学生在实践教学过程中又是认知者或改造者的角色，从这一层面来看，学生是主体，而被学生认知（实验）或改造（生产）的对象便是客体，如实验材料、生产实习的劳动对象等。

我们党和国家历来高度重视实践育人工作。坚持教育与生产劳动和社会实践相结合，培养德智体美劳全面发展的人，培养为社会主义现代化建设服务、为人民服务的合格劳动者，是我们党长期坚持的教育方针。坚持理论学习、创新思维与社会实践相统一，坚持向实践学习、向人民群众学习，是大学生成长成才的必由之路。就此而言，实践教学是我国高校思想政治理论课程中必不可少的组成部分，是当代大学生提升思想政治认识，加强思想政治修养，实现思想政治理论教育由知到信而行之转化的必要阶段。在我国高校的思想政治理论课程体系中，实践教学较之理论教学更加社会化、开放化，也更加多样化。

（二）实践教学的特征

遵循教育规律办事，是实现高等教育高质量发展的前提，也是推进教育现代化的必然要求。高校要把发挥主观能动性与按规律办事有机结合起来，从纷繁复杂的教育实践、教育现象中洞察把握教育发展规律。教育现代化评价体系不仅要体现教育发展的目标要求，也要满足教育现代化发展的实际需要，还要有利于发挥指标的导向功能。人才培养不能仅仅局限于课堂知识教学，实际应用能力成为衡量教育质量高低的重要指标之一。因此，实践能力成为高等教育发展的重要目标。这要求必须重视对实践教学体系诸因素的研究，而实践教学的基本特征问题是一个重要方面。

1. 实践性

实践教学的特点首先在于它的实践性，通过校内外的实验、实训、实习等环节，加强理论与实践应用之间的联系，使学生能够更好地理解社会、国情和专业背景，拓宽视野，增强发现问题、分析问题和解决问题的能力。它不像课堂学习那样主要是被动地听教师讲授，而是强调学生个体主动参与，通过看、听、行亲自体验和感受现实社会来进行学习。实践教学必须沉浸下去、融入进去。岸上学游泳、画上练骑马是方法错误，结果不可能好到哪儿去。无论哪种形式的社会实践活动都必须是现实的、真实的，学生在这些实践活动中，自觉地将书本上或课堂上所学的知识和理论运用来分析问题、解决问题，以提高自己的社会实践能力。实践性强调时代和空间的代入感，强调事件和人物的还原感，强调作用和意义的现代感，强调乐在参与、勤动手脑、关注细节、重视外化。它是理论和实践沟通的桥梁，是理论向实践转化的重要一环。在实践教学的推进过程中，教师的角色是指导者，辅导学生统筹规划、按时推进。同时，教师松手但不撒把，密切关注、及时指导，督促学生向目标转化，追求实效。

2. 社会性

实践不是孤立的个人的活动，而是处于一定社会关系中的人所进行的活动。社会性主要是指高校思想政治理论课实践教学不是在课堂上完成的，是以大学为依托，以社会为舞台，开展的接触社会、服务社会、了解社会，并从中接受教育、培养综合素质的活动。

高校思想政治理论课实践教学重点强调社会实践，要求大学生必须走出校门，参加各种社会活动，亲自融入现实社会生活中去。有句古波斯的谚语，叫作"有知识的人不实践，等于一只蜜蜂不酿蜜"。这句话道出了社会实践对于大学生的重要性。青年只有参加社会实践，才能出真知、长才干，在实践中实现全面发展、成长成才。因此，实践教学与课堂教学、课内实践有显著的差异性。大学生社会实践活动本质上是一种实践的认识活动，是对课堂教育教学延伸、补充、完善和提高，能够提高大学生学习的积极性，深化大学生的思想认识。目的是激发学生的能动性和创造性，深化理论知识；帮助大学生提前了解社会，强化社会生存责任意识；促进青年学生准确定位自身价值，培育强烈的道德责任感，提高修养，完善人格品质。

3. 学习性

知识和经验密不可分。实践教学并非为了单纯的实践而实践，而是强调通过实践训练，大力培养实践能力强的高水平人才。因此，实践教学不应单纯强调实践活动，还要充分考虑到教学的规律和性质，立足于学校教育的特色，要强调一切教学训练活动都应体现教育性，做到育人为本。学习性主要强调高校思想政治理论课实践教学的功能。高校思想政治理论课实践教学的主体之一便是大学生，其最主要任务就是学习，而学习活动又制约和影响着大学生活的方方面面。这是由学习角色和大学教育的根本任务所决定的。学习性实践教学主要是指以学习、应用和创新知识为基本特征的社会实践活动。因此，不能把高校思想政治理论课实践教学等同于一般的娱乐性课外活动，更不能等同于参观、旅游等。而是要通过实践活动，强化和再现大学生课堂里所学到的基本知识，帮助他们了解历史，培养他们热爱党的领导，热爱社会主义制度的情感，养成良好的道德习惯，树立守己守法意识。

4. 主体性

在传统的教育中，学生往往只是被动地接受和记忆知识，而缺乏与真实世界的联系。在实践教学中，学生是积极主动的学习者。他们不再是被动地接受知识，而是通过自主探索、实践操作来获取知识和技能，将学生带入真实的场景和情境中，使他们能够更全面地了解和认识世界。实践教学虽然有助于大学生更深刻理解理论知识，但其重点却是增强学生心系民族复兴的家国情怀和创新能力，学生在实践过程中通过选择不同的实践项目和课题，进行创新性的探索和研究。所以在实践教学活动中，教师是学生学习的引导者和指导者。教师需要根据学生的实际情况和教学目标，设计合理的实践教学方案，引导学生进行自主学习和探索。例如，在实验教学中，教师需要向学生介绍实验目的、实验方法和实验注意事项，并引导学生进行实验操作和数据分析。在这个过程中，教师需要关注学生的学习情况，及时给予指导和帮助，以确保学生能够顺利完成实验任务。但在实践活动中，学生面临各种挑战和问题，需要动脑筋寻找解决方案。他们需要运用所学知识，尝试不同的方法，并在实践中进行反思和改进。这种锻炼能够培养学生的创造力和创新精神，使他们在未来能够更好地适应和应对变化的社会。与理论课教学相比，实践教学课中的学生的主体性显得更为突出，因此，在整个实践教学的过程中，需要从学生角度出发，将教学重点和教学指向放在对学生的动手能力、解决问题能力、创新能力等综合能力培养方面。

5. 课程性

实践教学内容通常是在理论课程的基础上进行设计的，旨在帮助学生将理论知识应用到实际中。将思政课的理论知识与实际生活相结合，使学生更好地理解和运用马克思主义基本原理、中国特色社会主义理论体系等。由于课程性特征导致实践教学内容一般具有层次性，从基础到高级、从简单到复杂逐步递进。实践教学内容根据学生的不同年级和学习阶段进行设计，具有层次性和递进性。从低年级的基础实践活动，如主题班会、演讲比赛等，到高年级的深入实践活动，如社会调查、实习实训等，逐步提高学生的实践能力和综合素质。

6. 广泛性

实践教学贵在参与。广泛地参与，才能保证活动的影响力和效果。数量也是质量，教育的广泛性是社会主义教育属性要求，是"为党育人、为国育才"的目标要求，是教育公平的内在要求。从对象来看，高校思想政治理论课实践教学面向高校所有专业的学生，参与的对象非常广泛；从内容来看，高校思想政治理论课实践教学的内容非常丰富，包括革命传统教育，了解我国改革开放和经济建设的实际情况以及发展状况，了解我国公民素质和公民意识现状，了解我国农村的有关情况，了解身边的先进事迹和先进人物，等等；从方式上看，高校思想政治理论课实践教学形式多样，如开展社会调研、勤工助学、参加"青马工程"的研学，投身于大学生"三下乡"活动和青年志愿者活动、创作舞台剧等，或是参与以网络为平台的实践教学活动，如远程学习、在线课堂等，在虚拟实践中充实与提高；从时间上看，高校思想政治理论课实践教学可以在上课时间进行，也可以在节假日进行。结合实际情况，高校可以以校内实践为主，校外实践为辅，把校外实践作为拓展和补充，作为联系社会的桥梁，这样，既保证了较高的参与度，又使实践内容丰富多彩，满足多样化需求。突出广泛性的同时，还要突出先进性、突出代表性。行进当有旗帜，队伍总有标兵。用先进分子、模范代表的感召力和示范作用动员和吸引学生参与实践是非常好的工作方法。

7. 灵活性

实践教学课程具有灵活性。灵活性在教学中扮演着至关重要的角色。传统的教学模式往往以教师为中心，注重知识的灌输，忽视了学生的个体差异和兴趣，而实践教学则能够更好地满足学生多样化的需求。当代大学生普遍具有好奇心和求知欲，他们渴望在学习中获得有意义的学习经验。通过实践教学，教师能够激发学生的主动学习能力，使他们更加积极地参与到课堂讨论和学习活动中去。因此，高校思想政治理论课的实践教学，从形式和内容上都应该做到灵活多样，通过提升实践教学活动的吸引力来吸引学生积极主动地参与进来，从而实现通过实践切实转变学生思想状况的教学目的。

考核评价具有灵活性。思想政治理论课实践教学既然已作为一门相对独立的课程来设置和开展教学活动，也就与其他课程一样，必然有一个考核评价环节。鉴于实践教学在活动形式上的多样性和在教学内容上的广泛性，学生对马克思主义理论的运用能力和社会主义核心价值观的践行能力也可以有多方面的体现和表现，这就决定了对学生实践教学成绩和效果的考评方式也应该与纯理论课的考评方式有所区别，应该有更加灵活多样的考核方式。总体看来，实践教学能够打破唯"学生学业成绩"论教师工作业绩的传统做法，体现多渠道信息反馈的教师评价制度，打破关注教师的行为表现、忽视学生参与学习过程的传统的课堂教学评价模式。在本门课程中，评价时将实践参与度、与人合作、自主创新、积极交流、学习成果等同时纳入考察范围，不同于以往重结果轻过程的评价方法，更关注学习时效性。

（三）实践教学是现代高等教育的重要组成部分

高等教育的现代化是一个复杂而多维度的过程，涵盖了教育理念、教学方法、教育技术、教育管理等多个方面。传统的高等教育往往以教师为中心，注重知识的传授。而现代化的高等教育强调以学生为中心，关注学生的需求、兴趣和个性发展。教师不再是知识的灌输者，而是学生学习的引导者和促进者。让学生在解决实际问题的过程中主动学习，培养学生的自主学习能力和创新思维。关注学生的个体差异，提供个性化的学习支持和指导。

在当今知识经济时代，社会对人才的需求更加注重实践能力。现代化的产业结构需要具备创新精神和实践操作能力的高素质人才来推动经济的持续发展。在高等教育现代化的推动下，学生动手能力的提高对于他们的未来发展至关重要。而实践教育正是为了培养学生动手能力而设立的一种教育方式。实践教育提供了学生自主学习和实践的机会，培养了他们解决问题的能力，并激发了他们的创新思维和创造力。作为培养大学生综合素质的重要平台，实践教学能够全方位、多渠道地引导学生在直接参与中感知理论知识、体悟教育内涵，有助于实现外化与内化相结合，充分实现知行合一[①]。实践能力的提升不仅仅局限于专业技能的提高，还包括团队合作能力、沟通能力、问题解决能力等综合素质的培养。在实践教学中，学生通常需要组成团队共同完成项目任务，这就要求他们学会与他人合作、有效沟通和协调。同时，在面对实际问题时，学生需要运用所学知识进行分析和解决，这有助于提高他们的问题解决能力。

其实，实践教学在现代高等教育中早已存在。理工类课程教学中的实践教学以科学实验为基本形式，以"做中学"的实践项目为主，将生产环节融入教学，培养学生解决实际工程问题的能力。而且，实践教学在理工类课程教学中还占着相当大的比重。在一些特殊的人文社会科学类课程教学中，也包含着部分实践教学的内容，例如，实习教学是教育学专业的重要实践环节。通过参与

---

① 彭庆红，鲁春霞.高校思政课实践教学的改革与创新［J］.思想教育研究，2014（6）：62.

实习教学，学生能够深入了解教育工作的本质和特点，进一步培养专业技能。在实习过程中，学生可以观察和借鉴优秀教师的教学方法，将理论知识应用到实际教学中，并通过实践不断调整和完善自己的教学策略。再例如，在工程实践项目中，教师需要根据学生需要与不同专业背景将学生分成小组，让他们共同完成一个实际项目。在这个过程中，学生需要运用所学知识进行方案设计、实施和评估，教师则扮演指导者和促进者的角色，引导学生自主学习和实践，在这个过程中，他们不仅提高了专业实践能力，还锻炼了团队合作、沟通协调和问题解决等综合素质。

总体来看，高等教育中实践教学具有强调学生的动手能力和实际操作、紧密结合专业知识和实际应用、注重培养学生的创新能力和解决问题的能力、具有综合性和跨学科性、强调团队合作和沟通能力、与社会实际需求紧密结合等显著特点。

自"三全育人"的教育思想变革以来，我国高校育人实践已经从一个理论探讨和经验交流的新时期步入了一个追求质量和创新、实践发展的崭新时期。"三全育人"即全员育人、全程育人、全方位育人，它是新时期高校思想政治工作发展的必然趋势。全方位育人需要构建多元化的育人体系，整合课堂教学、校园文化、社会实践等多种育人渠道。课堂教学是思想政治教育的主渠道，包括思想政治理论课、专业课等；校园文化通过营造良好的文化氛围和精神环境，对学生进行潜移默化的教育；社会实践让学生在实际生活中锻炼能力、提高素质。例如，在课堂教学中，教师运用多种教学方法，如案例教学、小组讨论、实践教学等，提高教学效果；校园文化活动丰富多彩，如文艺演出、学术讲座、社团活动等，为学生提供广阔的发展空间；社会实践活动形式多样，如社会调查、实习实训、志愿服务等，让学生在实践中成长。

中国共产党在领导中国革命和建设的过程中，始终坚持这一教育理念。从新民主主义革命时期的"教育为革命战争和阶级斗争服务"到社会主义建设时期的"教育为社会主义建设服务"，教育与生产劳动和社会实践相结合一直是党的教育方针的重要组成部分。近年来，实践教学愈来愈受到党和政府以及各个高校的重视。2020年12月18日，中共中央宣传部、教育部联合发布的《新时代学校思想政治理论课改革创新实施方案》提出：各高校要规范实践教学，把思想政治教育有机融入社会实践、志愿服务、实习实训等活动中，切实提高实践教学实效。实践教学是帮助学生加深对理论的理解和掌握、提高学生思想道德水平和法治意识的重要内容和环节。创新实践教学是改进和提高思政课教学的要求，是推动教育高质量发展的要求，也是广大青年学子的期盼。

（四）开展实施实践思政的目的

培养社会主义合格建设者和可靠接班人是我国高校确立思想政治教育根本目标的总体指向，思政课正是实现这一目标的主渠道、主阵地[①]。坚持理论性与实践性的有机统一，是新中国成立70多年来思想政治理论课建设的光荣传统，是马克思主义认识论的根本要求。

大学生正值人生发展、成长成才的关键时期和世界观、人生观、价值观定型最重要的阶段，面临的人生课题、人生选择、人生矛盾相对集中，因此也最需要精心引导和栽培，特别是政治观点、政治立场、政治方向的引领。思政课程是意识形态在高校课程中最核心的表达，政治性是思政课程的首要特征。高校思政教育开设的目的不仅是让大学生知道、掌握马克思主义理论本身，更要做到"授人以渔"，通过实践教学促进大学生正确三观的树立，帮助大学生扣好人生的扣子，全面提升大学生发展水平和高等教育质量。思政课程和课程思

---

① 李忠军.大学生思想政治教育目标新探［J］.思想政治教育研究，2013（12）：45.

政的开展可以让大学生通过学习掌握马克思主义理论的立场、观点和方法，依托各学科特色坚定中国特色社会主义的道路自信、理论自信和制度自信。实践思政加入思政教育体系，可以以实践为依托增强大学生的实干意识、团队配合和吃苦精神，提高其认识、改造客观世界和主观世界的能力。因此，开展实施实践思政的目的主要有以下两点。

其一，实践思政有助于实现思政教育的理论教学和实践教学有机结合。以思政课和课程思政为代表的理论教学部分是现有思政教育的主体，但面对新时代大学生的新诉求略显乏力。实践思政所强调的实践教学部分以大学生更为喜闻乐见的教学形式，通过校园、社会、网络等多种途径，在教师的带领下让学生进入一种新的学习模式：在实践中通过独立思考、自由探索，体验思政教育的魅力，全面提升个人能力和素质。实践思政的实施可以有效促进理论教育和实践教育的融合，有效提升思政课魅力，让理论知识在实践过程中彰显说服力，实现新时代大学生综合素质的全面提高。

其二，实践思政有助于实现社会生活与校园教育的有机结合。实践思政活动让学生走出校园，亲身参与到社会生活中；让学生在为社会作贡献的过程中，培养起强烈的社会责任感。深入企业、社区、乡村的大学生，依托科技服务、帮扶志愿活动等，在实践中"起作用、长才干、作奉献"，对国情、社情、民情有了切身的感受才能更加理解为国家奋斗、为人民服务的意义。实践思政把社会实践与理论学习结合起来，进而促进了社会生活与校园教育的协同作用。通过教师的理论指导，可以让大学生在实践中少走弯路、少碰钉子，通过丰富的教学内容和手段增强了新时代大学生的社会责任感、创新精神和实践能力，切实有效地提升思想政治教育的实效。

二、新时期高校思想政治理论课实践教学的探索与发展

思想政治理论课是高校夯实意识形态教育工作、落实立德树人根本任务的关键渠道。提高思政教育的实效性就需要突破既有思政教育模式，实践思政强化理论与实践的结合，在社会实践中让思政理论走进大学生的心灵，让大学生通过亲身体验，生动形象地化解理论的艰涩，提升创新精神和创新能力，强化中国特色社会主义理想信念，让思政教育成为新时代大学生受益终身的教育内容。

党和国家重视实践育人工作有着深厚的历史渊源。从新民主主义革命时期开始，中国共产党就注重引导学生投身社会实践，与工农群众相结合。例如，在五四反帝爱国运动、国内工读互助运动和留法勤工俭学运动中，中国共产党积极组织学生走进农村、深入工厂，开展社会调查，推动工农运动，思想政治教育实践育人由此发轫。在社会主义建设时期，党和政府一直强调教育要为社会主义建设服务，要培养学生的实践能力和创新精神。在新时代，党和国家更是把实践育人作为全面建设社会主义现代化国家的基础性、战略性支撑之一。引导高校建立实践教学质量标准，明确实践教学的目标、内容、方法和评价标准，确保实践教学质量。随着改革开放的推进和我国高校教育理念的不断成熟，我国高校实践育人方面也经历了一个不断成熟的发展过程。

（一）高校实践育人的重要奠基阶段

1978 年至 2004 年，是高校实践育人的重要奠基阶段。1982 年 2 月，受国家农委的委托，北京大学等高校 155 名大学生在寒假期间就农村实行家庭联产承包责任制以来各方面的情况进行了"百村调查"，使学生亲身感受到改革开放政策给社会主义建设带来的勃勃生机。学生撰写的 157 篇调查报告也得到农

委的肯定。1984年,《中共中央宣传部、教育部关于高等学校学生参加生产劳动的若干规定》指出,依据专业的不同,与校外工矿企业、农场、农村组成"教学、科研、生产"联合体,建立实践、劳动的网点,固定的社会实践和生产基地[①]。1987年,《中共中央关于改进和加强高等学校思想政治工作的决定》指出,青年知识分子成长的唯一正确道路是社会实践,通过实践了解社会主义建设和改革的实际,了解人民思想感情,树立起为祖国而献身的信念,逐步锻炼成为有用人才,具体体现在"理论与实际相结合、脑力劳动与体力劳动相结合、知识分子与人民群众相结合"[②]。1987年,《国家教委、共青团中央关于广泛组织高等学校学生参加社会实践活动的意见》又一次明确强调,必须组织学生在学习期间广泛地参加社会实践,把在假期和课外组织学生参加社会实践作为高等教育的重要组成部分。为使大学生社会实践活动逐步适应社会主义市场经济体制的运行机制,1993年初,团中央号召开展"百县千乡科技文化服务工程";1994年,团中央号召开展"万支大中专学生志愿服务队暑期科技文化行动";1995年,团中央号召开展"中国大中学生志愿者扫盲与科技文化服务行动"。1997年5月,中宣部、国家教委、团中央、全国学联联合发出《关于开展中国大中学生志愿者暑期文化科技卫生"三下乡"活动的通知》,首次提出开展文化、科技、卫生"三下乡"活动,将大学生社会实践活动进一步拓展和深化。此后,每年暑期,有超过百万名学生参与到各级"三下乡"社会实践活动中,奔赴祖国的大江南北、乡村田野和城镇社区,广泛开展政策宣讲、教育帮扶、医疗服务、科技支农、文艺演出、法律援助、环境保护等实践服务活动,充分展现了当代学生"与祖国紧密结合,为人民奉献青春"的精神风貌。

---

①②教育部思想政治工作司.加强和改进大学生思想政治教育重要文献选编:1978—2014[Z].北京:知识产权出版社,2015:32,71.

（二）高校实践育人的全面深化阶段

2004 年至 2012 年党的十八大召开之前，是高校实践育人的全面深化阶段。"实践育人"概念在这一阶段被明确提出。2004 年，《中共中央、国务院关于进一步加强和改进大学生思想政治教育的意见》首次提出"实践育人"，指出要把理论武装与实践育人结合起来，既重视课堂教育，又注重引导大学生深入社会、了解社会、服务社会。2005 年，《中共中央宣传部、中央文明办、教育部、共青团中央关于进一步加强和改进大学生社会实践的意见》强调"理论教育和实践教育相结合是大学生思想政治教育的根本原则"，进一步明确加强和改进大学生社会实践具有不可代替的重要作用，对于培养中国特色社会主义事业的合格建设者和可靠接班人具有极其重要的意义。

在这一阶段，志愿服务作为实践育人的重要内容得到深入推进。2009 年，教育部《关于深入推进学生志愿服务活动的意见》要求各高校深入开展各种形式的志愿服务活动，搭建学生志愿服务平台。作为实践育人重要载体的创新创业教育开始被提出。2010 年 5 月，教育部出台了《关于大力推进高等学校创新创业教育和大学生自主创业工作的意见》，创新创业教育逐步成为深化高等教育教学改革、培养学生创新精神和实践能力的重要途径。

实践育人的长效机制逐步建立。2011 年，《教育部关于进一步加强和改进研究生思想政治教育的若干意见》强调要强化研究生实践教育环节，将社会实践纳入研究生培养方案，作为研究生培养的必要环节，做到有计划、有规范、有考核，形成长效机制。2012 年，教育部等部门出台了《关于进一步加强高校实践育人工作的若干意见》，明确指出实践育人关乎学生服务国家、服务人民社会责任感的增强，关乎创新精神的培养，关乎实践能力的提升。在这一纲领性文件的指导下，高校实践育人的总体规划、师资队伍建设、基地建设、组织领导都得到了深化发展。随后在 2012 年，中宣部、教育部印发了《全国大学生思想政治教育工作测评体系（试行）》，将实践育人列为高校思想政治工作的重要考核指标。

（三）高校实践育人的新时代质量提升阶段

党的十八大以来，党和国家事业取得历史性成就，发生事关全局的历史性变革，我国社会主要矛盾已经转化为人民日益增长的美好生活需要和不平衡不充分的发展之间的矛盾，这表明久经磨难的中华民族迎来了从站起来、富起来到强起来的伟大飞跃。中国特色社会主义进入新时代，中国特色社会主义的新时代和民族伟大复兴的新征程，必然对我国高等教育和思想政治理论课及其实践教学提出新的更高的要求。思想政治理论课实践教学也应因事而化、因时而进、因势而新。党的十八大和十九大以来，党和政府为推动高校思想政治工作、思想政治理论课及其实践教学的创新发展，先后颁发了一系列有关文件和提出一系列重要举措。高校实践育人也进入了新时代质量提升阶段，成为培育和践行社会主义核心价值观的有效途径，体制机制不断完善，质量不断提升。

2013 年，中共中央办公厅印发的《关于培育和践行社会主义核心价值观的意见》明确指出，社会实践是社会主义核心价值观从小抓起、从学校抓起的重要抓手和有效途径，强调发挥社会实践的养成作用，完善实践教学体系，加强实践育人基地建设。2014 年，《中共教育部党组、共青团中央关于在各级各类学校推动培育和践行社会主义核心价值观长效机制建设的意见》指出：促进实践育人共同体的建立，实现实践育人规范化管理、常态化服务、品牌化培育、项目化配置、信息化支撑、社会化运作，深化对社会主义核心价值观的理解和认识。

实践育人体制机制进一步完善。党的十八大以来，围绕"我的中国梦""爱学习、爱劳动、爱祖国"等主题开展系列实践育人专题教育活动。2017 年，中共中央、国务院印发了《关于加强和改进新形势下高校思想政治工作的意见》，实践育人成为新形势下高校思想政治工作的重要内容，得到进一步重视，从体制机制层面要求进一步强化实践育人，包括提高实践教学比重，强化实践基地建设，健全社会各界接收大学生实习实训制度，健全学雷锋志愿服务长效机制等。2022 年，教育部印发《关于进一步加强新时代中小学思政课建设的意见》(下称《意见》)。《意见》提出，到 2025 年，中小学思政课关键地位进一步强化、建设水平全面提高，课堂活力充分激发，优质课程资源更加丰富，实践教学深入开展，思政课教师队伍专职化专业化水平明显提升，"大思政课"体系更加完善，评价机制基本健全。2023 年 6 月，教育部印发《关于深化高校学生暑期社会实践活动的通知》，要求各地各高校扎根中国大地开展社会实践，在推动社会实践服务中国式现代化、乡村振兴等国家重大战略的基础上，紧密结合自身学科专业，找准"小切口"、展开"大纵深"，强化特色性的实践服务，积极探索建设教育强国的实践路径。近年来，党和政府不断加大对高等教育实践教学的经费投入。如 2023 年全国教育经费总投入为 64595 亿元，其中高等教育经费总投入为 17640 亿元，比上年增长 7.6%。这笔经费主要投向实践教学基地建设、实验设备购置、师资培训等方面。

此外，国家还出台了一系列与高等教育实践教学相关的政策，如鼓励高校与企业合作建立实习基地、支持学生开展创新创业活动等。这些政策的主要内容包括加大对实践教学的投入、加强实践教学师资队伍建设、完善实践教学评价体系等，目标是推动高校实践教学改革，提高实践教学质量。

三、高校思想政治理论课中强化实践教学的重要意义

理论性与实践性相统一，源于马克思主义内在的解释世界与改造世界的根本特质，也是思想政治理论课的根本要求，体现在思想政治理论课教育教学的全过程。办好新时代思政课，是我们党立足于中华民族千秋伟业实施的战略工程。高校既要培养德智体美劳全面发展的社会主义建设者和接班人，又要凸显其行为指导意蕴的价值观引领作用，培养具有创新发展实践能力的应用型人才。

（一）思想政治理论课实践教学对于提升学生自身素质的实效作用

思想政治理论课实践教学对于提升学生自身素质具有显著的实效作用。

第一，思政理论体系是思政教育活动开展的思想指南，实践教学体系的提出进一步明确了思政教育是一门来源于实践并最终应用于实践的教育体系。理论与实践的结合是获得真知识的关键。在实践教学中，青年学生通过参与各种实践活动，将所学的马克思主义理论知识应用到实际中，从而掌握了思想武器。实践教学能够促使学生将自己的亲眼所见、亲耳所闻、亲身所感等整合成为对事物的初步判断，从而极大地提升了教学吸引力。在实践教学中，学生不再是被动地接受理论知识，而是主动地去探索、去体验。例如，在模拟法庭实践活动中，学生通过扮演不同的角色，亲身体验法律的公正与威严，对法律知识有了更深刻的理解。这种实践活动让学生从抽象的理论走向具体的情境，使他们能够更加直观地感受思政课的魅力。

高校思政课实践教学有助于提升大学生理论联系实际能力，是培养担当民族复兴大任时代新人的有效途径。对理论知识的学习和对民情、党情、国情、世情的把握不能仅停留在认识上，还要落实在行动上。开展思政课实践教学让

思政教育回归了马克思主义理论和教育理论的本源，有助于解决高校思政教育正在面对的诸多困境，依托实践的力量突破思政教育发展的瓶颈，对思政教育的建设和发展具有十分重要的理论意义和实践价值。

在实践教学中，摆在学生面前的往往不再是枯燥的理论，而是亟待解决的现实问题，具有强烈针对性和现实性，要通过实践教学的手段引导青年学生摆脱"书中的知识脱离生活"的粗浅认识，激发他们改变现状的主动性和积极性，推动思政课在青年学生心中真正实现去虚向实、由表及里，不断培养他们的责任意识、担当精神、民族情结与家国情怀。另外，思政课实践教学通过紧扣社会实际、企业行业动态，让学生更加清楚地认识到当前社会的人才需求和就业情况，有效地回应大学生对于当下问题的发问，可以确保思政教育发挥其应有的作用，落实立德树人根本任务，帮助青年大学生培养正确三观，成为我国社会主义事业的合格建设者和可靠接班人[①]。

在高校思政课中，加强实践教学环节对于破除历史虚无主义具有至关重要的意义。在实践教学中，通过引导学生对历史事件和人物进行分析、讨论和评价，能够培养学生的批判性思维，学会从多个角度看待历史问题，辨别历史虚无主义的错误观点。实践教学能够通过生动翔实的历史案例，为学生解答心中疑惑，有力地破除了历史虚无主义。例如，在参观爱国主义教育基地的实践活动中，学生可以亲眼看到革命先辈们用过的物品、战斗场景的还原等，这些真实的历史遗迹让学生深刻认识到中国共产党领导的革命斗争的艰难与伟大。同时，在实践教学中，教师可以引导学生对历史虚无主义的错误观点进行分析和批判，让学生明白历史虚无主义的本质是对客观历史的歪曲和否定。

实践思政强调思政教育必须将理论教育与实践教育相结合，优化授课方

---

① 千瑶，张洋洋.高职院校思政课实践教学探索［J］.才智，2022（1）：49-52.

式，借助实践的力量培养学生的理论应用能力，让更多的教育者参与到思政教育的改革创新当中，推动思政培育体系的日臻完善。因此，实践思政不但积极回应了时代对思政教育的要求，还对未来的思政教育提供了新的发展思路。

第二，提升了新时代大学生在思政教育中的主体性地位。实践思政强调了学生在思政学习过程中的自主能动性，学生充分运用多样的教学技术手段，在教师的引导下自主探索，不同观点的碰撞在实践中检验了学生对理论知识的理解情况和应用能力。通过实践思政大学生认识问题、分析问题、解决问题的能力得到了锻炼，对社会的认识更加全面、客观，优化了大学生的知识结构，提升了自主学习意识。实践出能力，实践出人才，实践是创新的必要前提和准备。坚持走内涵式发展道路，培养学生创新精神和提高学生实践能力，首先要高度重视实践教学工作。实践教学是为了深化学生对理论教学内容的理解与认同而拓展的教学环节，社会实践是将思政小课堂融入社会大课堂的重要抓手，是培养和造就青年学生人生观、价值观和思想意识的有效手段。高校应将社会实践作为大思政的重要一课，充分挖掘社会实践教学中的思政元素，打通理论讲授与信仰塑造的"任督二脉"，使实践教学与思想理论课同向同行。

教育实践哲学理念认为，实践是人类认识世界和改造世界的根本方式，也是教育的本质特征。实践思政同样强调实践的基础性，认为思想政治教育不能仅仅停留在理论层面，而应该通过实践活动让学生亲身体验、感悟和践行思想政治教育的内容。实践思政同样突出主体的能动性，它尊重学生的主体地位，鼓励学生积极参与实践活动，发挥自己的主观能动性和创造性。

第三，加深了新时代大学生对马克思主义理论的认识。马克思主义信仰是思政教育鲜明的政治底色，是高校铸魂育人的基点，是坚持办学正确方向的根本政治保证。在"理直气壮开好思政课"的过程中应不断用马克思主义实践理论补钙壮骨、凝神聚气，全部社会生活在本质上是实践的，实践性应成为实现教育革命的逻辑起点，成为思政教育的理论品格和给予思政教育旺盛生命力的源泉。

马克思主义理论是科学的世界观和方法论，学习、领会、掌握和运用马克思主义理论必须走出课堂，在生活中通过鲜活的社会实践活动充分体验马克思主义对社会实践的巨大影响力，才能更好地把握马克思主义原理的精髓，从实际出发、实事求是才能深化对马克思主义理论的认识。实践思政让大学生在社会实践中真正把马克思主义理论作为行动指南，受益于马克思主义理论的指导，牢固树立马克思主义的理想信念。

社会实践的复杂性决定了实践思政教育过程不是单一的思政课或某一门专业课能够实现的。多学科融合，多学科互动，让思政教育体系从"平面"走向了"立体"，夯实了全员育人、全程育人和全方位育人的基础。实践思政是特色鲜明的思政教育模式，体现了思政教育改革的创新精神，大大提升了思政教育的辐射力和影响力，对于培养德智体美劳全面发展的社会主义建设者和接班人具有重要意义。

（二）思想政治理论课实践教学对于提升思政课教学的现实意义

通过我国教育部和国务院近年来印发的关于高职院校教育相关文件可知，其对于思政课的开展提出了更高层次的要求，特别是注重实践教学的发展、教学方式的创新、教学质量的提升等方面。创新实践教学的方式，让思政课程具有更深层次的革新，已经成为当前课程改革的共识。从现实情况来看，针对高职教育所面临的挑战和市场对人才的需求，关于加强思政课实践教学设计，有以下几个方面的现实意义。

第一，有助于增强思政课的实效性。在传统的教学形式中，主要以理论说教为主。因此，思政课教学的开展，也是以课堂理论授课为主体。诚然，理论授课具有不可替代的重要性，但是实践教学的融入可以更好帮助建立健全思政课教学体系。众所周知，知识并非独立存在的，而是在社会中不断发展进行维护与创新的。因此，向学生传授知识，不仅要注重理论教学，同时要加强实践教学，只有融入实践，才能使学生真正理解知识中的内涵。因此要在高职院校思政课教学中，进一步强化实践设计，加大实践力度。做到这一点，不仅能够有效地对思政教学体系加以完善，同时也能有效增强思政课所具有的实效性。

第二，进一步提升高职院校人才质量，使之满足当前市场人才需求。思政课教学的开展仍旧是以课堂教学为主要形式，这也是实现高职院校立德树人教育目标的要求，但这并没有否认实践教学在其中发挥的重要作用，想要构建起科学完善的教学模式和育人体系，不仅要注重课堂知识理论的教学，同时要通过有效的实践教学路径提升教学效果，从而使人才培养具有更高的质量。思政课实践教学可以针对当代大学生动手能力强、重视实际操作的特点，开发实践教学资源，将思政课的深奥理论与生动丰富的实践活动相结合，使学生通过亲身参与实践活动得到体验感和获得感，在实践学习中树立正确的三观，确立服务人民、奉献社会的人生追求[①]。如果能进一步推动实践教学的拓展，深化课堂教学知识内容，能让学生参与度大大提升，可以更加有效地帮助学生理想信念的坚定，确保学生更适应社会发展的节奏，满足市场中多元化的需求。

第三，实践思政提升了思政教育的辐射力和影响力。实践思政是扎根中国大地搞教学，同生产劳动和社会生活相结合，培养德智体美劳全面发展的社会主义建设者和接班人的系统的教育理念，它所富含的时代特点、地域精神和民

---

① 孔令先，李丹，刘秀英.立德树人理念下高校思政课实践教学有效路径研究［J］.大学，2022（9）：113-116.

族情怀将使思政课更有人情味，更加入脑入心。实践思政根植于实践的沃土，最终回归实践，构建和呈现了一个完整的教育理论体系，立德树人讲究方法和过程，更在意目的和成效，只有心里装着党和国家，在中国人民的伟大实践中关注时代、关注社会、汲取养分、丰富思想，才能培养出为人民服务的人，对党忠诚的人，有志于投身伟大的社会主义现代化建设实践的人。

第四，有助于更好地落实政策制度。从近年来国家对于教育的发展要求来看，无论是专业课教育还是思政课教育，都提出了更高层次的要求，也指出了实践教学在其中发挥的重要作用。因此，从这一点来看，加强思政课教学中实践教学的应用，也是深化落实政策制度的必然要求。

梦想不成为空想，需要理论学习奠基，更需要实践历练支撑。思政课实践教学作为依托理论教学、寓教于行、学思结合、知行统一的特殊教学组织形式，在落实立德树人根本任务过程中具有不可替代的重要作用，生动彰显了中国特色社会主义制度在全球化发展浪潮中的优越性，引领当代青年在学思践悟中领悟马克思主义理论的真理魅力和实践伟力，进而将"小我"融入"大我"，为社会主义事业奋斗终身。

四、高校思想政治理论课实践教学现状的反思

在高校思政课程建设过程中，"课程育人"得到教师广泛、深刻的重视，"实践育人"却常停留于形式、浅层，价值和作用未被充分挖掘。实践教学课程建设还处于整个思想政治理论课程体系建设中的发展"不平衡不充分"的"短板"状态，不少高校在思想政治理论课实践教学的实际开展过程中，也还存在着诸多问题，值得我们进一步反思、探索和改进。

（一）对思想政治理论课实践教学的认识不到位

在当前的教育体系中，思政课实践教学本应占据重要地位，但由于部分高校领导的认识不足、观念模糊，导致轻视思政课实践教学的地位的现象仍然存在，传统教育观念使得人们对实践教学的重视程度不够，认为实践教学只是理论教学的补充，可有可无，这对思政教育的质量和效果产生了不良影响。

一是在教学过程中，理论教学与实践教学相辅相成，共同发挥着重要作用。然而，目前部分高校在思想政治理论课教学中，存在对理论教学和实践教学相互关系认识不深入的问题，影响了教学效果。部分高校思政课教师以陈旧的思想认为思政课实践教学无关紧要。很多教师仍习惯性将思想政治理论课视为单纯的政治理论灌输课程，未认识到作为一个全面的课程体系，甚至把大学生在校团委、图书馆以及各院系办公处的学生活动岗位与思政课实践教学画等号，认为大学生的暑期社会实践活动已经包含了思政课实践教学的全部内涵。部分高校在实践教学方面投入不足，影响了实践教学的开展。导致实践教学与理论教学缺乏有机联系，实践活动缺乏理论指导，理论知识无法在实践中得到检验和深化。思想政治理论课不仅要包含讲授理论、理解理论的理论教学部分，还必然包含运用理论、验证理论的实践教学部分。所以，在高校思想政治理论课的教学中，很难平衡好理论教学与实践教学之间的关系。目前的大学生大都是"00"后，他们接受新事物能力强，思维活跃，因此，要在实践教学中，基于新时代学生特点及学生所学专业特点不断丰富教学内容，创新教学形式是实践教学中应该考虑的问题，融入符合学生兴趣和需要的时代元素，创新实践教学形式，才能更好吸引学生真正参与到实践教学活动中，从而避免实践教学流于形式。

二是对思想政治理论课的实践教学的认识存在偏差。目前，对于思想政治理论课实践教学的内涵认识主要有两种：第一种，一些人认为理论教学与实践教学是相互独立的两个环节，没有认识到两者相互促进、相辅相成的关系。通过亲身参与各种实践活动，调节课堂沉闷的氛围，让学生参与到教学中，从而实现思想境界的提升和价值观的塑造。例如，课堂实践教学主要指教师根据课程教学内容在课堂上采取氛围营造、案例讲解、视频音频播放、图片数据资料展示、提问、课堂讨论、课堂主题活动、专题研讨、学生演讲、学生辩论等形式开展的实践教学。第二种，认为思想政治理论课实践教学主要是从课堂上转移到课堂外，认为通过实践补充课堂教学，认为参加了课外实践就达到了教学目的。这种认识偏差使得实践教学缺乏系统性和针对性，难以真正发挥其在思想政治教育中的重要作用。因此，部分高校的思想政治理论课实践教学既没能全面正确地开展起来，也没能卓有成效地开展起来，其他实践教学只是走走过场。

（二）思想政治理论课实践教学的内容针对性不强

在高校思政实践教学内容安排方面，虽然体现了高校思政课程的共性要求，但在一定程度上却无法满足高校人才培养的需要。首先，实践教学与理论教学有所不同，高校思政理论课具有相对统一的课程标准，从单元设计到学时分配都相对具体。同时，在内容的选择上，教师的自主性也比较大。所以，就目前而言，实践教学尚未形成统一的标准，有待进一步规划和调整。其次，实践教学与理论教学绝非两条平行线，实践教学最终还是要服务于理论课堂，与理论教学形成合力，最大限度地激发思政教育的活力。高校目前开设了毛泽东思想与中国特色社会主义理论体系概论、马克思主义原理、近现代史纲要、思想道德与法治等课程，每门课程既有联系又各有侧重，教师在进行实践教学时必须考虑课程特有的指向性，而在现实教学中则出现了实践教学的内容设计与课堂理论教学内容脱节的情况。最后，实践教学的内容设计的时代性、多样性、趣味性也有待加强，千篇一律的实践教学模式会使学生产生厌烦心理，从而降低教学效果。实践基地的覆盖面窄，考虑到学生人数众多、外出的各方面因素，目前思政课校外实践多以参观红色资源基地、纪念馆为主，往往是部分学生干部、社团成员参加，难以覆盖全部学生，并且每次的实践教学都是相同的地点和相同的方式，使学生对本该生动、有趣的实践活动失去兴趣，难以发挥实践教学的作用。综上，可以发现大学生对于思政课实践教学的期待与现实间存在差距。

（三）思想政治理论课实践教学的制度建设有待完善

对于思想政治理论课实践教学不仅存在认识上的偏差，更在实际的操作过程中，缺乏相关的健全制度予以保障。制度建设层面的不足主要表现在以下几个方面。

1.高校思想政治理论课实践教学认识存在不足

从学校领导层面来看，部分领导过于注重学校的就业率、考研率等硬性指标，将主要精力放在与这些指标直接相关的专业课程和就业指导上，认为思想政治理论课实践教学对学校的整体发展影响不大，没有充分认识到其在培养学生综合素质、增强社会责任感等方面的重要作用。例如，在一些高校，领导在制定学校发展规划和资源分配时，很少为思想政治理论课实践教学安排专门的经费和人力支持。

对于教师而言，受传统教学观念的影响，一些教师认为理论教学才是重点，上好课、让学生考高分是主要任务。他们觉得开展实践教学需要花费大量的时间和精力去组织和管理，而且效果难以量化评估，因此缺乏积极性。比如，有的教师在教学过程中，只是简单地按照教材进行理论讲解，很少主动设计和组织实践教学活动。

从学生角度出发，很多大学生由于缺乏社会阅历，思想较为理想化，往往认为只有专业知识和技能的教育才是有价值的，对思想政治理论课实践教学不够重视。他们觉得实践教学与自己的专业学习和未来职业发展关系不大，很少主动参与。据调查显示，只有约30%的大学生会积极主动参与思想政治理论课实践教学活动。

2.高校思想政治理论课实践教学缺乏经费支持

经费短缺对思想政治理论课实践教学的影响十分显著。由于缺乏足够的资金支持，很多实践教学活动无法正常开展。例如，校外实践活动需要交通、食宿等费用，但由于经费不足，很多学校只能减少校外实践的次数甚至取消。校内的实践活动也因经费限制，无法提供必要的教学设备和资源，影响了教学效果。

实践基地的不完善也是一个突出问题。思想政治理论课的教学内容涉及广泛，需要在社会这个大课堂中进行实践。然而，目前很多高校缺乏稳定的实践基地，无法为学生提供长期、系统的实践机会。有的学校虽然与一些单位建立了合作关系，但由于缺乏有效的管理和维护机制，实践基地的作用未能充分发挥。例如，一些实践基地只是在形式上挂牌，实际开展的实践活动很少，学生无法真正从中受益。

3.实践教学的激励考评机制欠科学

当前思想政治理论课实践教学的评估体系存在较大的随意性，这对实践教学质量产生了负面影响。一些高校在对实践教学进行考评时，没有制定科学的考评制度和方式，主要依靠教师的主观判断，缺乏客观标准。这导致评估结果的公正性和准确性难以保证，无法真实反映学生的学习成果和实践教学的实际效果。

例如，在实践教学成绩评定中，有的教师只是根据学生的考勤和提交的心得体会来打分，而对于学生在实践过程中的表现、能力提升等方面缺乏全面的考量。这种随意性的评估方式不仅不能激励学生积极参与实践教学，还可能使学生对实践教学产生敷衍态度，影响实践教学的质量和效果。

高校应该探索有效的考评机制。采取榜样激励手段，例如，在教师考评方面，打造思想政治理论课实践教学"榜样名师""教学能手"等；成立专门的思想政治理论课实践教学名师工作室，定期组织开展实践教学技能比拼活动，增强教师思政素养与教学能力。此外，尊重教师个体在教学方式和教学风格方面的差异性，给予教师在教学方面较高的自由度，促进教师专业发展。在学生考评方面，以知识竞赛、文创产品设计开发等形式，激发学生知识学习内驱力，帮助学生巩固所学知识、磨炼意志品质；以专题研学、实践调研、志愿服务等形式，组织学生积极参与校外实践活动。采取学生自评、同学互评与教师测评相结合。鼓励学生本人、同学、教师及家长等共同参与考核评价，从不同角度评价以促进学生的学习发展。通过小组、同学互评，开展合作探讨和体验式学习，使学生之间相互学习、加深了解，形成正向激励、朋辈互助的良好氛围。

（四）高校思想政治理论课实践教学课程要素建设不够完善

作为一门相对独立的课程，思想政治理论课实践教学的确应具备全面的教学要素，才能更好地发挥其在思想政治教育中的重要作用。但由于种种原因导致实践教学课程要素建设仍存在诸多问题。

1.思想政治理论课教师队伍建设方面还存在不足

在高校，尤其是高职院校，真正基于理论知识传授，又侧重实践教学，并有能力做好的教师并不多。教学工作者传统教育方式难以改变，同时实践专业型教师存在严重缺口。如果说理论课教师的不足还可以通过聘请校内其他部门的兼职教师弥补的话，实践教学教师则尤显缺乏。能够指导专业实践的教师指导能力也参差不齐，很多教师来源于高校毕业的理论性、知识性教育者，自己在接受教学时，绝大多数时间里也都是停留在理论阶段，自己都缺少实践经验，指导学生更是纸上谈兵。

不少思想政治理论课教师本身就是在理论教育环境中成长的，而且这些教师的工作经验不是很丰富，导致在教学中更注重理论课程的教学，而忽视了实践教学，因此导致教学方法也主要采取讲授的方式，不利于学生实践能力的培养。他们自身更擅长于也习惯于课堂理论教学。在"仓促上阵"的情况下开展的实践教学活动自然很难取得良好效果。近年来，尽管高等教育各级主管部门也非常重视思想政治理论课教师的培训工作，以期提高专职教师教书育人的能力。但回顾过去，有关机构举办的各类各级培训活动，大多是针对教师的理论素养或教材学习的培训工作，鲜有专门针对教师实践教学能力而开展的培训工作。

2. 思想政治理论课实践教学缺乏与时俱进的教材

权威性参考教材能够为实践教学提供扎实的理论基础和正确的价值导向。没有权威性教材的指导，实践教学的目标容易模糊不清。

就思想政治理论课程体系内部而言，与其他几门理论课程的改革和发展状况相比较，实践教学课程建设显然遇到了更多的困难和困惑，一定程度上是拖了整个思想政治理论课进一步改革和发展的"后腿"。目前，能够鲜明地指导实践性课程的理论成果不多，学生在实践过程中缺乏有效、系统的指导，这方面的教研也相对较弱。实践讲求以理论指导，只靠概论和公式无法在实践教学中起到良性作用，行业和企业应多参与编写针对专业实践的教材，最好能把新行业、新现象、新技术、新工艺等都及时在实践教育的指导教材中反映出来，与时俱进，推陈革新，追求与快速发展的科技接轨，而不是陈旧落后的理论公式。在这种情况下，就会出现"巧妇难为无米之炊"的窘境。

而就实践教学自身的建设发展而言，教师队伍建设问题和实践教学教材建设问题，又可谓两大"短板"。反之，只要把教师队伍建设问题和实践教学教材建设问题作为两个关键重点来抓，实践教学也是一定能够跟上整个思想政治理论课改革和发展的步伐的。所以，组织力量编写一部内容系统、形式完备、理论与实践有机结合的实践教学参考教材，以推动思想政治理论课实践教学改革和发展，既是必要的也是及时的。

（五）高校思想政治理论课实践教学中学生参与积极性不高

目前，由于实践教学资源的短缺，思政课实践教学的开展主题呈现单一化，实践活动的设计因循守旧，使本应该丰富多彩的实践课变得无足轻重，出现僵化。高校开展的思政实践教学形式多为引导学生通过网络查找资料完成实践报告，或要求学生利用寒暑假及其他节假日自行参观红色景点完成实践心得，最后将实践作业纳入期末考评中。学生为完成任务获得学分往往敷衍了事，并未真正参与到实践过程中，实践作业质量普遍不高，网上拷贝的现象明显。而校内开展的思政实践教学受到场地、经费、组织等条件的制约，并不能做到全覆盖，参与的同学往往是班级选出的代表，大部分学生没有机会参与进来。

高校思政课实践教学的开展其最终目的都是促进学生全面发展，培养能够为社会主义现代化建设贡献力量的专业化人才，满足社会的经济发展需要。但目前部分高校实践教学的活动与社会实际发展需要相脱离，与大学生所学专业的就业方向不能有效衔接，导致思政课实践教学作用减弱的同时，也弱化了社会对思政课实践教学的认同。另外，有些用人单位只注重专业技术，而忽略了学生的政治、思想、品德等方面的表现，不重视人才的综合素质。有些学生为了满足用人单位的需求，把大部分的时间和精力都花在了专业知识和技能的学习上。这些现象对大学生的思想政治理论产生了一定的影响，导致个别学生形成了"功利"倾向。这些都在不同程度上导致了大学生在思政课实践教学中存在敷衍了事、得过且过的心态。

随着社会的不断发展和进步，思想政治理论课实践教学制度也将面临新的挑战和机遇。应进一步加强对实践教学的重视程度，促使学生将社会生活的具体实践与自身的经历相结合，在实践中感悟思政课的深刻内涵，打通第一课堂与第二课堂，使学生在活动中运用多种感官参与，在活动中观察和体验，对社会有更深入的了解和认知，对专业所学有更深入的思考，掌握其基本原理，把所学转化为学生的内在品质；学校加强与社会各界的合作，建立更多稳定的实践基地，为学生提供更加丰富的实践机会，充分提高实践教学的效率和覆盖面。总之，思想政治理论课实践教学制度的完善是一个不断发展和进步的过程。我们要以创新的精神和务实的态度，积极探索适应时代发展要求的实践教学模式，为培养具有高度社会责任感、创新精神和实践能力的高素质人才奠定坚实的基础。

第一章

高校思想政治理论课实践教学体系的构建

　　思想政治理论课实践教学是思想政治理论课教育教学的重要组成部分，是思想政治理论课理论教学的拓展和延伸，是使学生在实践活动中将所学理论内化为思想与行为的重要环节。科学合理地规划和运用好实践教学环节，对于解决"培养什么人、怎样培养人、为谁培养人"的根本问题能够起到推动性作用。在落实思政课"立德树人"的关键环节上，实践教学发挥着越来越重要的作用和价值。实践教学是大学生提高思想政治理论认知，加强思想政治理论修养，实现对思想政治理论由真学、真懂到真信、真用的知行统一的必要途径。要克服思想政治理论课实践教学认识不到位、制度建设不够完善、落实不够有力、形式单一、内容针对性不强以及课程要素建设不够完善等弊端，切实提高实践教学的有效性，必须构建和完善思想政治理论课实践教学体系。

一、思想政治理论课实践教学的指导思想

（一）马克思主义关于"实践"的观点

马克思主义实践观认为，实践与认识是辩证统一的。在高校思政课教学中，这种辩证关系尤为重要。高校思想政治理论课实践教学旨在让学生通过在实践活动中理论联系实际，运用马克思主义的基本原理、观点和方法，在理论联系实际的过程中不断加深对党的路线、方针、政策的理解和认同，坚定"四个自信"，自觉做到"两个维护"。

马克思主义认为，人的认识是在实践中产生的。人们只有通过实践活动，才能接触到客观事物，从而获得对事物的认识。例如，科学家通过实验观察来认识自然规律，工人通过生产劳动来认识生产技术。思政教育唯有付诸实践，在实践中检验和探索，才能更加深入人心。对广大青年学生来说，上好实践这堂"大思政课"，有助于增长知识和才干，感悟责任和使命，让青春在全面建设社会主义现代化国家的火热实践中绽放绚丽之花。

"生活、实践的观点，应该是认识论的首先的和基本的观点。"[①] 马克思认为任何物种的本质在于其存在，而人的存在就在于其生产性，人的类本质是自由自觉的活动。实践的基本形式包括物质生产劳动实践、处理社会关系的实践和科学实验等。实践范畴在马克思主义学说中，乃至在人类思想史上都具有极为重大而深远的意义。在马克思看来，人的本质不是"把许多个人纯粹自然地联系起来的共同性"，"不是单个人所固有的抽象物，实际上，它是一切社会关系的总和"[②]。也就是说，实践内在地包含着人与自然、人与人、人与自身意识

---

① 中共中央马克思恩格斯列宁斯大林著作编译局.列宁选集：第2卷［M］.北京：人民出版社，2012：103.

② 马克思恩格斯选集：第一卷［M］.北京：人民出版社，2012：187.

三重关系。由于实践构成人所存在的现实世界的基础，因此必须把它纳入对事物、现实和社会等诸种客观对象的本质的理解中。

实践作为关系型范畴，正包括在以上三重对象性关系之中，马克思主义认为，生产劳动是人类社会存在和发展的基础。人们在劳动过程中要结成人与自然、人与人之间的关系。人类正是在利用工具认识和改造自然的实践过程中维持自身生存与发展的，实践构成了人的存在方式。在马克思主义看来，全部社会生活在本质上是实践的：首先，构成社会的人是从事实践活动的人，推动社会运动的力量是千百万人的社会实践活动；其次，社会生活的全部内容就是不断进行的社会实践；最后，实践既是人的自觉能动性的表现，也是人的自觉能动性的根源，是人的生命表现和本质特性。历史唯物主义实践观是我们把握和理解实践的方法论原则，也是把握和理解高校思想政治理论课实践教学的认识论前提。

从历史唯物主义的角度出发，高校思想政治理论课的课程内容所提炼和总结的马克思主义理论，是马克思主义在实践中对自然界和人类社会发展客观规律进行探索和研究的系统集成，是实践的结晶，也是在实践中得以检验和完善的科学体系，是马克思主义对社会实践经验进行的高度凝练和概括。在实质上，高校思想政治理论课的课程内容以马克思主义理论体系为直接认识对象，以马克思主义者在实践过程中所总结和反映的自然界与人类社会发展规律、社会主义发展规律和人的全面发展规律为根本认识对象。马克思主义实践观主张，自觉能动性是人特有的能动性，是实践的重要特征。自觉能动性又称主观能动性、意识能动性。反映在思想政治课实践教学上，就是要充分激发和挖掘实践主体师生的实践意识和积极性。

有效的实践活动离不开科学实践观的指导。马克思主义实践观，为我们科学高效地开展思想政治课实践教学提供了科学指引和系统思路。1845 年，马克思在《关于费尔巴哈的提纲》中就明确指出："人的思维是否具有客观的真理性，这并不是一个理论的问题，而是一个实践的问题。人应该在实践中证明自己思维的真理性。"也就是说，验证客观真理性，是实践活动的主要目的。思想政治教育要引导人们形成正确的认识，必须以社会实践为教育的基本途径。通过实践活动，加深真理性认知，深化对真理的感知，应是思想政治课实践教学追求的首要目的。

实践教学的根本宗旨就是引导受教育者正确认识课程教学内容与相关实践活动之间的内在统一性关系，始终以推进实践育人为宗旨和目的，通过多样化、有益化、落地化的实践活动，促进大学生的成长成才，在内心深处自觉自愿地接受马克思主义理论教育。作为青年人，其未来的发展方向是什么，可选择的职业有哪些，工作的能力达到了怎样的水平等问题都必须在实践中才能得到解答，任何没有经过实践检验的思想都缺乏现实性，都不可能在现实生活中找到其立足点，想要实现自己的人生价值，必须将所学投入到实践中去检验，方能得到答案。正如习近平总书记在出席全国高校思想政治工作会议的重要讲话中所指出的那样："要教育引导学生正确认识世界和中国发展大势，从我们党探索中国特色社会主义历史发展和伟大实践中，认识和把握人类社会发展的历史必然性，认识和把握中国特色社会主义的历史必然性，不断树立为共产主义远大理想和中国特色社会主义共同理想而奋斗的信念和信心；正确认识中国特色和国际比较，全面客观认识当代中国、看待外部世界；正确认识时代责任和历史使命，用中国梦激扬青春梦，为学生点亮理想的灯、照亮前行的路，激励学生自觉把个人的理想追求融入国家和民族的事业中，勇做走在时代前列的奋进者、开拓者；正确认识远大抱负和脚踏实地，珍惜韶华、脚踏实地，把远大抱负落实到实际行动中，让勤奋学习成为青春飞扬的动力，让增长本领成为青春搏击的能量。"①

（二）习近平总书记关于思政课实践教学重要论述的思想指引

办好思政课、加强高校思想政治工作，习近平总书记一直非常关心。习近平总书记一贯重视理论与实践相结合的原则，多次强调，知是基础、是前提，行是重点、是关键，必须以知促行、以行促知，做到知行合一。思政课是思想政治教育的主渠道，党的十八大以来，习近平总书记围绕"如何上好思政课""如何发挥思政课实践教学的积极作用"等问题形成了许多具有鲜明现实意义的重要阐述，高瞻远瞩、视野宏阔、思想深邃、内涵丰富，为做好高校思政课实践教学指明了方向。

要画好实践教学立德树人同心圆。2019年3月，习近平总书记在学校思想政治理论课教师座谈会上指出："要坚持理论性和实践性相统一，用科学理论培养人，重视思政课的实践性，把思政小课堂同社会大课堂结合起来，教育引导学生立鸿鹄志，做奋斗者。"②面对当前社会变革和实践创新中的新挑战、新问题，要用历史的眼光和辩证的眼光，引领学生通过观察、辨析、实践，结合时代特点和社会现实，思考马克思主义如何在解决当代问题中发挥指导作用。透过实践教学，让大学生思想政治教育从"顶天"走向"立地"，延伸辐射课堂内外，有助于打造学生走向社会的"练兵场"。将思政元素融入实践课程，在产学研基地、协同育人的实践教学中推广，让学生在现实场景中潜移默化地形成情感和价值的认同，有助于推动大学生树立和坚定正确的政治信仰，进而积极参与、投入到中国特色社会主义事业的建设之中。开展实践教学，重

---

① 习近平. 习近平谈治国理政：第二卷［M］.北京：外文出版社，2017：377–378.
② 习近平. 在学校思想政治理论课教师座谈会上的讲话［J］.求是，2020（22）.

在深度认识和把握思政课实践教学规律、学生认知规律，在祖国大地上真切感悟真理力量、强化思想淬炼，在实践中将学生培养成为有信仰、有思想、有担当的新时代好青年，成长为德智体美劳全面发展的社会主义建设者和接班人。

要统筹实践教学环节，加强规划。关于思政课实践教学的安排，习近平总书记指出："要坚持理论性和实践性相统一，用科学理论培养人，重视思政课的实践性，把思政小课堂同社会大课堂结合起来。"①关于思政课实践教学的形式和内容，总书记强调，"要更加注重以文化人以文育人，广泛开展文明校园创建，开展形式多样、健康向上、格调高雅的校园文化活动，广泛开展各类社会实践"②。在实践教学的方式和呈现上，2021年两会期间，习近平总书记在看望参加全国政协会议的医药卫生界、教育界委员时说，"'大思政课'我们要善用之，一定要跟现实结合起来。上思政课不能拿着文件宣读，没有生命、干巴巴的"③。这些重要论述使我们更加熟悉实践教学的课程安排、形式方法和内容要求，不断提升大学生对思政课实践教学的参与度、满意度和认可度。

要持续地推动实践教学领域的创新和时效性。当今社会，我们所处的时代飞速发展，科技进步日新月异，思政课实践教学的内容和形式也必须跟上时代。习近平总书记指出："当前形势下，办好思政课，要放在世界百年未有之大变局、党和国家事业发展全局中来看待，要从坚持和发展中国特色社会主义、建设社会主义现代化强国、实现中华民族伟大复兴的高度来对待。"④"要善于利用国内外的事实、案例、素材，在比较中回答学生的疑惑，既不封闭保

---

①②习近平. 在学校思想政治理论课教师座谈会上的讲话［J］.求是，2020（22）.

③习近平. 在看望参加政协会议的医药卫生界教育界委员时强调［EB/OL］.新华网，2021-03-17.

④习近平. 思政课是落实立德树人根本任务的关键课程［M］.北京：人民出版社，2020：05.

守，也不崇洋媚外，引导学生全面客观认识当代中国、看待外部世界，善于在批判鉴别中明辨是非。"①实践教学要持续地、形式多样地开展，要积极尝试、探索运用新媒体新技术使教学工作活起来，增强实践教学的时代感和吸引力，延伸实践环节和丰富后续宣传，弥补校外实践的不足。

要充分利用红色资源"富矿"丰富实践教学育人内容。习近平总书记在湖南考察时强调，"要把课堂教学和实践教学有机结合起来，充分运用丰富的历史文化资源，紧密联系中国共产党和中国人民的奋斗历程"②。这就要求思政课教师以史鉴今，资政育人，增加见识、拓宽视野、厚植情怀，不断拓展历史视野，广泛开展党史、新中国史、改革开放史、社会主义发展史宣传教育，引导青年学生学史增信、学史力行，在中国特色社会主义道路上，投身实践、躬身力行，为实现中华民族伟大复兴贡献力量。思政课教师要特别善于将重大历史事件、历史发展线索、历史发展规律融入实践教学，以历史的精彩回眸吸引人，以新时代中国特色社会主义的伟大成就鼓舞人，将道理说清楚，把精神血脉传递下去。

"'大思政课'我们要善用之"，"要把课堂教学和实践教学有机结合起来"③。习近平总书记的嘱托犹如一声声号令，激发更多师生走出校门，深入社会。近年来，在"大思政课"的教学主题下，"行走的思政课"教学模式勃兴。落实习近平总书记重要指示精神，必须把握"全部社会生活在本质上是实践的"逻辑要求，调动各个方面的力量，齐心协力为培养人才的共同目标而奋斗，而且要逐步建立和完善思政课实践教学体系，要把大学生思想政治教育工

---

① 习近平. 思政课是落实立德树人根本任务的关键课程［M］. 北京：人民出版社，2020：15.

② 习近平. 习近平与大学生朋友们：第二卷［M］. 北京：中国青年出版社，2020：55.

③ 习近平. 在学校思想政治理论课教师座谈会上的讲话［J］. 求是，2020（22）.

作与学生的德智体美劳全面发展结合起来，把思想政治教育融入大学生的学习和生活之中。

二、思想政治理论课实践教学的主体

（一）关于"主体"概念的辨析

"主体"这一概念在《现代汉语词典》(第7版)里有三种解释："事物的主要部分；法律上依法享有权利和承担义务的自然人、法人或国家；哲学上是指有认识和实践能力的人。"主体是与客体相对应的存在。有人提出："教育者和受教育者都是主体，他们都有主体性，这是他们的共同特点……思想政治教育主体间性是教育者与受教育者在实践基础上的有机联系。"[①] 主体间性的观点的前提是，人只能是主体而不能是客体。马克思说："无论是劳动的材料还是作为主体的人，都既是运动的结果，又是运动的出发点。"[②]

思想政治教育的主体，即思想政治教育活动的承担者、发动者和实施者，是确保整个思想政治教育过程顺利进行的主导力量。思想政治教育不同于一般的实践活动，也不是简单的教育活动，它具有鲜明的特点：第一，过程的延续性。思想政治教育不是简单的教与学的过程，受教育者要经历一个内化—外化的过程。内化是指受教育者将思想观念和道德规范纳入自身价值体系中，外化是指受教育者用内化的品德来指导行为。只有当受教育者完成外化，其思想和行为符合社会发展的要求，思想政治教育过程才算最终完成。第二，本质的阶级性。一般而言，教育是不带有政治色彩的，而思想政治教育则具有鲜明的意识形态性。我国思想政治教育的根本目的是提高人们的思想道德素质，促进

---

① 张耀灿，刘伟.思想政治教育主体间性涵义初探［J］.学校党建与思想教育，2006(12)：8-9.

② 马克思恩格斯文集：第一卷［M］.北京：人民出版社，2009：132.

人的自由全面发展，激励人们为建设中国特色社会主义，最终实现共产主义而奋斗①。

高校在开展主体间性思想政治教育过程中，更加注重以人为本，充分考虑到人的主体性的发挥，尤其是受教育者主体性的发挥。在进行教育的过程中，以人为本是基础，思想建设的依托是人，如果没有人的存在，何来思想的构建？因此，以人为本是进行思想政治教育的前提。在当今的社会主义经济建设的潮流中，思想文化建设也是共同推进的。高校在开展思想建设活动时，要实现教育者和受教育者的有效沟通，培养主体间的自主选择和自我判断能力。

（二）大学生是思想政治理论课实践教学的核心主体

人都是具有主观能动性的，是能够有意识、有目的地去认识世界和改造世界，正如马克思所言："动物只是按照它所属的那个种的尺度和需要来构造，而人却懂得按照任何一个种的尺度来进行生产，并且懂得处处都把固有的尺度运用于对象。"②

习近平总书记曾在全国高校思想政治理论课教师座谈会上明确指出："要坚持主导性和主体性相统一，思政课教学离不开教师的主导，同时要加大对学生的认知规律和接受特点的研究，发挥学生主体性作用。"③也就是说，大学生是思想政治理论课实践教学的首要主体。学生主体性就是指学生在教学活动中通过教师的引导和帮助表现出来的学习的自主性、主动性、创造性。同时，实践育人也是自我教育的一种形式，所以说大学生不但是学习行为的实施者，同时也是学习过程中的受益者。确认学生的主体地位，发挥和尊重学生的主体

---

① 陈万柏，张耀灿．思想政治教育学原理［M］．北京：高等教育出版社，2007：73．
② 马克思恩格斯文集：第一卷［M］．北京：人民出版社，2012：57．
③ 习近平．思政课是落实立德树人根本任务的关键课程［J］．求是，2020（17）：4-16．

性，是对其独立性、自主性、能动性、创造性的尊重、肯定和承认，是现代思想政治理论课教育教学的基本理念，也是实践教学体系能够良性运行的关键所在。强调学生的主体地位，是思想政治理论课实践教学的显著特征之一。

大学生的意识观念和思想认识，会成为制约和影响大学生主体性在高校思想政治理论课教学中的重要因素之一，要想发挥好学生主体性这个功能，树立起大学生的主体意识，就必须激发出大学生的主观能动性，能自觉的、自发的、能动的去转变自己的兴趣，在意识上进行思想升华。"学生在思政课中是具有充分自主性、主观能动性和创造性的主体，其主体性的发挥，是课程完成的必要条件。"[1] 社会实践对于培养和提升主体意识具有不可替代的作用。主体意识是思想政治教育实践主体关于自身的自觉认识，包括对自身在整个思想政治教育中所具有的主体地位、主导性作用、所担负的具体使命、自身主体性活动对于社会、对于自己的教育对象所具有的现实与长远意义的全面而深刻的认知[2]。在大学生思想政治教育实践中，强烈的主体意识是培养学生创造力的基石，会让学生在实践中深入理解和把握思想政治教育的理论内容，理解和把握其本质和内在意涵；使学生树立起强烈的自尊心和自信心，完成对自我的认识和实现自我的不断完善。

学生的主体地位除了体现在他们的主体性接受意识和主体性实践活动上，还体现在他们参与实践活动的能动性和创造性上。在高校的思想政治实践教学过程中，高校的思想政治理论课教师要准确把握自己在整个教学活动和实践活动中的角色和作用，尤其是要掌控好对学生实践活动参与的尺度，不要怕出

---

① 卢黎歌，隋牧蓉."八个相统一"：推动思想政治理论课改革创新的遵循原则［J］.学校党建与思想教育，2019（9）：9-13.

② 沈壮海.思想政治教育的有效主体论［J］.上海交通大学学报（社会科学版），2000（4）：49.

错,尊重和培养学生的主体性,把主动权交给学生,教师只在必要时即学生在实践过程中遇到困惑和无法完成的困难时,对大学生的实践方法和方向提供必要的指导,让他们能够真正根据自己对思想政治学习的喜好选择自己喜欢的学习内容,对大学生的实践活动具体实施过程不做太多的干预。同时在实践活动中要充分听取大学生的意见和建议,提升他们参与实践的积极性、主动性和自觉性。有目的、有计划、有措施、有步骤地对高校大学生实践活动进行引导,让他们能够参与自己喜欢的实践活动,在实践活动的组织和创设上,要充分结合高校的思想政治教育相关内容为大学生准备与此相关的实践活动。比如,可以为大学生举办一些与思想政治相关的辩论活动,让他们能够运用自己的辨析能力和学习到的理论知识,创新思想政治理论与实践的连接途径和方法,让大学生把学习到的思想政治理论知识真正应用到实践当中,指导实践、完善实践。学生在教师的指导和帮助下,通过践行思想政治理论课的教学内容,使知到行的转化成为可能,由真信到真行,实现知行统一,不断提高自身的思想政治素质和道德素质。

在思政课实践教学的结构体系中,投身社会成为思政教学的第一层理路,丰富的教学形式和内容是实践教学的第二层理路,知识内化和行为转化成为实践教学的第三层理路,教学目标、教学内容、教学方式、教学环境等多种因素的综合作用和影响构成教学辅助理路,这四层形成了一个完整的教学逻辑的内在发展理路。通过实施这一实践性教学活动,使学生的思维方式实现从抽象到实际的成长转型,课程教学模式实现从原生走向创生,给予学生充分的生成自由,实现理论教学与实践教学的交融统一,从而形成全面性、全体性、持续性、终身性的学生发展模式。

"思想政治教育过程是教育者根据一定社会的思想品德要求和受教育者的

思想品德形成与发展的规律，对受教育者施加有目的、有计划、有组织的教育影响，促使受教育者产生内在的思想矛盾运动，以形成一定社会所期望的思想品德的过程。"[①] 实践的目的在于让学生接触社会，获取感性认识，巩固所学理论知识，培养初步的实际工作能力、创新能力和创业、敬业精神，拓宽学生的知识视野，锻炼学生的操作技能和实际工作能力，增强事业心与责任感，增强劳动观念，提高学生的综合素质。思政课实践教学完全可以依托专业课的实践基地进行实践教学，思政元素与专业相结合，可以帮助学生更好地适应社会，辩证地看待生活、工作和成长过程中遇到的问题，帮助学生成长成才[②]。

通过参加实践教学以及实践活动，大学生可以更好地理解课堂学习的知识与技能，将学校教育与社会教育有机结合，推动大学的理论与实践相结合，以理论指导实践、以实践反馈理论，在实践中不断提高自身的能力与素质。特别是，只有大学生对自身在实践教学中的主体地位有了充分认识，才能真正激发其在参与实践教学活动时内在的学习主动性和积极性，才能由被动的价值引导转向主动的自主建构，从教学输入转化为教学生成，从而最大化地实现实践教学的价值目标和实效性。

实践教学活动的重要性愈发重要，在高校教育中的占比逐渐提高，学生作为教学主体的实际需求得到重视。现阶段，高校实践育人过程中，对于实践能力的要求，不单单是指单一的学科，而是要以多学科、多角度来进行实践能力的培养与提高。落实学生的主体地位，就要为学生创造和提供自我教育、自我管理、自我服务的平台、路径和方法。实践课题的选定、相关资料的收集、实践方案的设计和完善、实践过程的展开、实践方案的调整、实践结束后的总结

---

① 成媛.思想政治教育学原理［M］.上海：上海中医药大学出版社，2007：120.

② 郭霞.高校思想政治理论课教材体系向教学体系转化的策略探析：基于教师主导、学生主体相统一的视角［J］.重庆广播电视大学学报，2022，34（1）：10-15.

反思升华,都离不开大学生能动性、积极性、创造性的发挥,都体现了大学生在实践教学中的主体地位。

随着经济的快速发展和互联网的迅猛普及,新时代大学生在思想上、行为上都展现了更多的独立性和自由性,因此,思政课要根据新时代的大学生接受新事物的特点进行"破冰",在教学中要极力发挥学生主体性,通过丰富多样的实践教学来改善思想政治理论课教学模式。

（三）思政课教师是实践教学主渠道的主导主体

思政课是落实立德树人根本任务的关键课程,是开展思想政治教育的主渠道,直接关乎培养社会主义建设者和接班人这一重大问题。思政课的核心任务是帮助学生牢固树立远大的理想信念和正确的价值观念,以理性、公正、客观的态度全面、深刻、辩证地看待问题,不断提升认识世界和改造世界的能力。但是,完全依靠受教育者的探索,学习效率则很难保障。教育者的指引就宛如一盏明灯,为受教育者指明方向,所以在提高受教育者的主体性的同时也不能忽视教育者的作用。

2019 年 3 月,习近平总书记在学校思想政治理论课教师座谈会上就办好思政课发表重要讲话,对广大思政课教师提出政治要强、情怀要深、思维要新、视野要广、自律要严、人格要正"六个要"的具体要求,为全面提高思政课教师素养指明了前进方向,提供了根本遵循。青少年时期是人的价值观形成、确立的关键阶段。培育时代新人,归根到底就是引导学生向上向善、爱国爱党,将自我的人生目标同党和国家事业联系在一起,将个人的发展进步同祖国和人民的根本利益融汇在一起,在民族复兴大业中逐步实现人生目标、成就个人价值。教育者应该充当建构过程中的协助者、推动者,更多地去激发学生的学习兴趣和动力,而不是成为知识的灌输者。正如习近平总书记强调的:"办好思想政治理论课关键在教师，关键在发挥教师的积极性、主动性、创造性。思政课教师，要给学生心灵埋下真善美的种子，引导学生扣好人生第一粒扣子。"[①]

思政课不是依葫芦画瓢、照本宣科式的讲述，而是应当把道理讲活，以理启人。讲道理的根本目的在于通过领悟道理启发实践。当道理从书本上的白纸黑字演变为观察世界、分析问题的"钥匙"，学生"用得着""用得顺手"，自然会更愿意听、更乐意学。思政教师要利用好学生社会实践的契机，善于把研学交流、下乡支教、志愿服务等活动中的"思政元素"挖掘出来，真正把教材里的学问、课堂上的道理转化为学生观察世界的眼力、行万里路的脚力，以及成长成才的活力。

遵循教师主导性与学生主体性相统一的原则，是保障思政课实践教学实现政治性与正确性相结合的重要基础。实践教学不是教师指令与学生操作的简单结合体，而是一个双方有所表达、有所沟通、有所实现的双向的互动过程，教师与学生之间应保持及时畅快的沟通，建立起有呼必有应的畅通机制。这就要求思政课教师既要做业务精湛的"经师"，更要做行为示范的"人师"，实现理论教育与行为培育的优势互补，做到"经师"和"人师"的和谐统一，做学生为学为事为人的"大先生"。在鼓励教师发挥主导作用的同时，也要充分调动学生以主体身份参与教学过程。

教师是实践教学的设计者和组织者，他们根据教学目标和学生的实际情况，设计合理的实践教学方案，选择合适的实践教学内容和方法，组织学生有序地开展实践活动，也就是说在实践教学活动中，教师是源头、学生是归处。和理论教学及其他社会实践相比，思政课教学实践的结构性更为复杂，需要

---

① 习近平.用新时代中国特色社会主义思想铸魂育人贯彻党的教育方针落实立德树人根本任务［N］.北京：光明日报，2019-03-19（1）.

教师作为实践教学的组织者、引导者、把控者和参与者进行整个实践教学的调控。思想政治理论课实践教学走出校门到社会上去是核心关键，但既要覆盖全体大学生，又要走出校门，对高校的挑战是极大的。因此，需要思想政治理论课教师在实践教学中为学生提供专业的指导和帮助，解答学生在实践过程中遇到的问题，引导学生正确地分析和解决问题，担当主导地位。如在课前，思政课教师根据教学大纲设置学习目标和学习任务单，将教学内容、实践教学基地简介、教学辅助资料、教学要求等讲清讲明，在实践活动过程中要引导学生正确看待遇到的困难、树立迎难而上的信念，把控好实践活动的进度和情况，在实践结束后及时带领学生开展活动分析会，总结经验、发现问题、升华情感，有了教师的正确引导和过程主导，才能真正塑造青年学生的世界观、人生观和价值观，并以此为行为导向，严格要求自己。因此，教师的主导地位对于实践教学的顺利展开、学生在实践教学中的获得感以及实践教学成果的质量保障有着十分重要的作用和影响。

另外，"教育者本人一定是受教育的"①。"教师要成为学生做人的镜子，以身作则、率先垂范，以高尚的人格魅力赢得学生敬仰，以模范的言行举止为学生树立榜样，把真善美的种子不断播撒到学生心中。"② 教师实施教育的过程也正是进行自我教育和接受再教育的过程。近年来，一些高校思政课教师作为理论导师逐步参与到社会实践中，或参与到专业实践中推进课程思政，取得了良好的效果，为思政实践的课程建设提供了新的探索方向。但是，由于思想政治理论课实践教学的系统性和复杂性，高校团委、学工部、教务处、图书馆等职能部门及其工作人员应与思政课教师形成合力，共同担负起对学生实践教学进

---

① 马克思恩格斯文集：第八卷［M］.北京：人民出版社，2009：376.
② 中国教育，把答卷写在人民的心上（砥砺奋进的五年）：党的十八大以来我国教育事业改革发展成就综述［N］.人民日报，2019-09-09（1）.

行指导的责任。也可以寻求校企合作企业、合作的实践基地、地方政府的资金支持，扩充实践教学资金来源①。

三、思想政治理论课实践教学的主要内容和基本形式

（一）思想政治理论课实践教学的主要内容

1. 思想政治理论课实践教学的目标要求

坚持目标导向是思政课建设持续发展的重要战略，关乎国之大计、党之大计。思想政治理论课实践教学目标即学生通过实践教学活动，在理解和掌握思想政治理论知识，塑造和提升自身的思想政治素质和践行能力方面应该达到的标准或者水平，它在整个实践教学过程中起着导向作用。这里的实践教学不是思想政治理论课之外的一个课程系统和教学系统，因而其教学目标不能偏离思想政治理论课的教育教学目标，而是要服务于思想政治理论课的总体目标，并与其协调一致。

思想政治理论课教学的总体目标是通过学习马克思主义基本理论与马克思主义中国化时代化理论成果，特别是学习习近平新时代中国特色社会主义思想，学会运用马克思主义的立场、观点和方法认识问题、分析问题和解决问题，结合国际国内的复杂形势，正确认识中国国情和人类社会发展的一般规律，坚定走中国特色社会主义道路，深刻领会实现中华民族伟大复兴的中国梦的历史使命，树立正确的世界观、人生观、价值观、道德观和法治观，最终实现自身德智体美劳的全面发展，成为社会主义事业合格建设者和可靠接班人。因此，围绕总体目标，思想政治理论课实践教学要注重针对思想政治理论课学

---

① 赵菲.高职院校思政课实践教学模式的创新思考［J］.广东职业技术教育与研究，2022（1）：165-166，172.

习重点、难点以及社会热点，结合大学生的兴趣和关注点，把课堂讲授的思想政治理论和大学生的学习实践、生活实践、校园实践、与课程内容相关的校外实践结合起来，形成针对性和操作性强的、具有多层性和多维性的思想政治理论课实践教学的具体目标体系。

（1）思想政治理论课实践教学的价值观目标

思想政治理论课实践教学尤其注重社会实践的育人价值，最核心的教学目标就是育人目标，即情感态度价值观目标。只有置身于广阔天地之间，用脚步丈量、用眼睛发现、用耳朵倾听、用内心感受，才能"帮助学生树立正确的世界观、人生观、价值观，引导学生正确认识世界和中国发展大势，正确认识中国特色和国际比较，正确认识时代责任和历史使命，正确认识远大抱负和脚踏实地，不断提高学生的思想水平、政治觉悟、道德品质、文化素养，坚定中国特色社会主义道路自信、理论自信、制度自信、文化自信"[①]。使青年学生既看到社会主义事业当前面临的困难和挑战，也看到社会主义现代化建设和改革开放取得的辉煌成就，深化其对马克思主义理论、中国共产党、中国特色社会主义事业的理论认同、情感认同和价值认同。

思想政治理论课实践教学的有效开展，为大学生提供了接触社会、直面社会的机会；使大学生更多地了解社会生活，使其自发向榜样看齐，树立个人命运与民族命运高度统一下的远大志向，自觉砥砺品行、完善人格、加强能力塑造；思政课实践教学可以针对青年学生动手能力强的特点，开发实践教学资源，将思政课的深奥理论与生动丰富的实践活动相结合，使学生通过亲身参与实践活动得到体验感和获得感，在实践学习中树立正确的三观，确立服务人

[①] 教育部．高等学校马克思主义学院建设标准：2017 年本［R/OL］.http：//www.moe.gov.A13/S706I/201709/t20170926_315339.html.

民、奉献社会的人生追求①，自觉践行社会主义核心价值观；将课堂理论与社会实践紧密结合，将在实践教学活动中的所思所感、所悟所想，在进一步联系实际的过程中转化为贴合我国基本国情、符合社会现实需要的理论认识，通过实践的检验和充实，做到真学、真懂、真信、真用，自觉用科学理论指导自身的实践行为。

（2）思想政治理论课实践教学的知识目标

大学生在实践中不断探索、发现，从而丰富了自己的认识，为进一步学习思政课理论知识奠定了坚实的基础。据统计，参与过类似实践教学活动的学生中，有超过85%的人表示通过实践活动，他们对思政课的理论知识有了更深入的理解和认识。思想政治理论课实践教学，能够调动学生的积极性，让其主动参与互动、搜索信息，将自己的所见所闻所感等整合成为对事物的初步判断和看法，构成其通过自身实践而自我发现的"道理认知"；思政课教师根据这些初步认知进行深入的理论指导，结合小故事讲清大道理，让学生在倾听和思考互动中，转变思想认知，并将理论知识与生动的故事和当下社会环境进行联系和对接，在循序渐进中看清事物的本质，并形成价值观正确的"道理认同"。通过思想政治理论课实践教学，有助于培养大学生的民族情结与家国情怀。例如，在井冈山红色实践活动中，大学生重走红军路，参观革命旧址，深刻感受到了革命先辈们坚定的理想信念和无私的奉献精神，这种潜移默化的情感教育，是思想政治理论课的重要导向。

（3）思想政治理论课实践教学的能力目标

通过多种形式的实践教学，以提高学生主动运用马克思主义的理论、立

---

① 孔令先、李丹、刘秀英.立德树人理念下高校思政课实践教学有效路径研究［J］.大学，2022（9）：113–116.

场、观点和方法思考问题、分析问题和解决问题的能力，这是首要的能力目标。同时也通过实践教学，让学生从整个社会的视角看待问题，从全局角度出发去理解自己遇到的问题，进而拓宽学生的思想边界，锻炼学生的思维能力、沟通能力、表达能力等。实践教学本身的灵活性有助于大学生主体性的发挥，并培养自己的创新能力，从而进一步开发其潜在创造力，并增强自身分析及解决问题的能力，从而进一步为适应社会的多项选择提供更多的条件。此外，思政课实践教学通过紧扣社会实际、企业行业动态，让学生更加清楚地认识到当前社会的人才需求和就业情况，有效地回应大学生对于当下问题的发问，可以确保思政教育发挥其应有的作用^①，帮助学生发现自己的兴趣和优势，为未来的职业规划提供指引，帮助学生真正融入社会，助力自己和社会共同发展。

2. 思想政治理论课实践教学的内容方式

高校通过优化实践教学内容，通过不同的实践活动，提高学生的满足感，让学生获得良好的实践体验，使实践活动充满魅力与吸引力，激发学生参与实践教学的积极性与主动性，提高实践教学的课堂教学效果，使实践育人工作在高校人才培养的过程中发挥出关键的作用。

探索高校思政课的实践教学内容方式，提高学生的教学主体地位，是打赢提升思政课质量和水平攻坚战的突破口。教学有法，但无定法，贵在得法。思政课教师需要给出学生足够的独立思考、探究学习及实践活动的空间和时间，帮助学生在互相分享的过程中找准问题所在，构建全新的知识体系，形成创新性的思维能力^②。

有关爱党爱国的实践教学。通过"观经典作品""走红色之路""访革命

---

① 千瑶，张洋洋．高职院校思政课实践教学探索［J］．才智，2022（1）：49-52.

② 彭付芝．高校思政课参与式教学模式的创新探索：以"毛泽东思想和中国特色社会主义理论体系概论"课为例［J］．思想政治教育研究，2013（6）：78.

旧址"等实践形式，通过观爱国影片、读红色家书、剪红色剪纸、讲红色故事、写爱国诗歌、画盛世中国、唱爱国赞歌等多种形式，开展以"热爱中国共产党、热爱祖国、热爱社会主义"为主题的实践活动，学生深刻感受到马克思主义理论在中国的成功实践以及中国共产党领导下中国特色社会主义事业取得的辉煌成就，了解到中国共产党在艰苦的环境下坚持革命斗争，为实现民族独立和人民解放而不懈努力，从而加深了对中国共产党的认同；加深学生对于人民才是历史的创造者和推动社会进步变革的决定力量的理解，更加透彻地理解党全心全意为人民服务的宗旨；引导学生增强对祖国的自豪感，培养对祖国的浓厚情感，增强实现中华民族伟大复兴的信心和使命感，让爱国主义教育走"新"又走"心"。

有关人生理想信念、人生价值的实践教学。理想信念教育是思想政治教育的核心内容，对于个人的成长和社会的发展都具有至关重要的意义。在课堂上，通过系统的理论教学，向学生传授理想信念的基本理论和知识。同时，结合实践教学进行分析和讨论，让学生在实践中能够亲身体验和感受理想信念的力量，增强对理想信念的认同感和践行力。并进一步引导学生进行自我教育，培养学生的自我管理和自我约束能力。让学生在学习和生活中不断反思自己的行为和思想，提高自我认知和自我完善的能力。在具体的实践教学活动中，可以通过邀请在不同领域取得成就的优秀校友回到学校，与学生进行面对面的交流。让学生了解校友们在追求人生理想的过程中所经历的困难与挑战，以及他们是如何坚定信念、克服困难并实现人生价值的。通过校友的亲身经历，激励学生树立远大的人生理想，勇敢地追求自己的梦想；组织学生到贫困地区进行支教，或者参与到环保、助老等公益活动中去，在这样的活动中，可以推动大学生理想信念的形成发展；一代人有一代人的青春，一代人有一代人的使命，当前我国正处于实现民族复兴的关键时期，要教育引导学生结合自己的人生理想和价值追求，制定个人的人生规划。规划可以包括短期、中期和长期目标，以及为实现这些目标所采取的具体措施。通过制定人生规划，让学生更加明确自己的人生方向，为实现自己的人生价值而努力奋斗。

有关社会公德、职业道德、家庭美德的实践教学。通过"聆听多样心声""走访道德楷模""讲述身边故事""争做学生先进"等实践形式，对当代社会的道德状况、生活中道德建设方面正反面典型人物或者现象的辩论、讨论，自觉向道德模范、感动中国人物、"最美教师"、"最美医生"等道德楷模学习，自觉扬善抑恶，恪守公民基本道德规范。带头践行文明礼貌、助人为乐、爱护公物、保护环境、遵纪守法的社会公德，爱岗敬业、诚实守信、办事公道、服务群众、奉献社会的职业道德和尊老爱幼、家庭和睦、邻里团结等家庭美德，培育和践行社会主义核心价值观，自觉加强个人品德修养，引领社会道德风气。

有关中国近现代历史的实践教学。通过实践学习，让学生亲身感受中国近现代历史的变迁，增强对历史的感性认识。培养学生的历史思维能力和分析问题的能力，能够从历史中汲取经验教训。激发学生的爱国热情和民族自豪感，增强对国家和民族的责任感。通过影视赏析、参观访问、专题讲座、主题展览等实践形式实现"历史再现""历史反思"，让学生直观地感受历史氛围，了解重大历史事件的发生背景和过程，深入了解中国近现代历史的发展脉络，增强学生的历史责任感和使命感，培养学生的爱国主义精神和民族自豪感。同时，也可以提高学生的历史思维能力和综合素质，为学生的未来发展奠定坚实的基础。

有关马克思主义基本理论和中国特色社会主义理论体系的实践教学。实践教学能够帮助学生深刻领会马克思主义基本理论和中国特色社会主义理论体系的核心要义、精神实质和丰富内涵。通过参观、访问、座谈、调研等实践形式促进学生进一步全面把握新时代中国特色社会主义建设和发展所处的历史阶段和新的历史方位。通过举办以马克思主义基本理论和中国特色社会主义理论体系为主题的演讲比赛和辩论会，激发学生的学习热情和思考能力。例如，确定"中国特色社会主义制度的优越性""马克思主义在当代的价值"等主题，让学生在准备和参与的过程中，深入学习和理解相关理论，并锻炼自己的表达能力和逻辑思维能力。在实践教学过程中，教师提出一系列与马克思主义基本理论和中国特色社会主义理论体系相关的问题，引导学生带着问题进行实践和思考。比如，在社会调研中，教师可以提出"中国特色社会主义经济发展的动力是什么？""如何理解马克思主义的群众观点在新时代的体现？"等问题，让学生在调研过程中有针对性地寻找答案。通过以上实践教学活动，可以使学生更加深入地理解马克思主义基本理论和中国特色社会主义理论体系，提高学生的综合素质和实践能力，为培养中国特色社会主义事业的建设者和接班人奠定坚实的基础。

（二）思想政治理论课实践教学的基本形式

思想政治理论课社会实践教学是主要围绕思想政治理论课教学内容，结合学生专业实习和学院团委组织的假期社会实践活动以及学生文化素质拓展活动等，有计划、有组织地进行。思想政治理论课实践教学包括且不限于以下方式。

1. 社会调查实践教学

在当今社会，社会调查方法实践性教学在教育领域中扮演着至关重要的角色。通过实践性教学，学生能够将理论知识与实际操作相结合，提高他们的综合能力和实际应用能力。思政课教师应以习近平新时代中国特色社会主义思想产生的生动实践为基础，结合学生关注的热点难点问题，布置若干社会调查题目。在社会调查项目的选择和进行过程中，学生能够根据自身的兴趣爱好、专业特长以及所学知识等已有的条件基础结合教师布置的任务，进行选题确定、自主设计题目等，运用所学的理论知识发现问题、提出问题、解决问题。学生还能够在实际的调查活动中，亲身体验并掌握调查方法的具体操作步骤和技巧。他们可以通过实地调研活动，深入了解社会现象，锻炼自己的观察和分析能力，培养实际解决问题的能力。案例分析和讨论也是实践性教学中极为重要的环节，通过分析真实案例，学生可以更加深入地理解和运用调查方法。学生既动脑又动手，可以在这个过程中调动他们的综合能力，使其将课堂所学的理论知识运用到思考和解决实际问题中去，在潜移默化中培养学生的好奇心和求知欲，激发他们的创新思维。此外，社会调查课题的实践也有助于培养学生的综合素质、竞争意识与合作能力，为将来更好地适应激烈竞争的职场打下基础，并在整个过程中增强学生自身对社会、对他人的包容度和忍耐性。

2. 品读经典实践教学

随着社会分工的高度细化，知识碎片化时代的到来成为人类社会发展的必然。但碎片化阅读是浅层次阅读，对知识研究不够深入，而经典是经过时间雕琢的。在知识碎片化时代，高校思政教育引领广大青年学生阅读经典，是克服知识碎片化负面危害的重要方式。马克思主义经典中蕴含着中国共产党人科学的世界观、价值观、历史观、人生观等，是科学思想的理论结晶。新时代，我国青年正处于百年未有之大变局当中，深受价值多元的影响，国际社会对中国青年的关注度也越来越高，经典原著品读课程实践教学活动无疑是对策中至关重要的一环。思政课品读经典，能够提升大学生人文素养，培养大学生创新能力，促进大学生养成"好读书，读好书"的良好习惯，夯实专业理论基础，在字里行间与伟人进行"原汁原味"的对话，满足学生的心理、信仰需求，推动经典书籍蕴含的丰富思想入脑入心，培养学生善用经典哲思武装头脑、指导实践、提升修养。教师还要让学生在诵读中掌握迁移的方法，让经典内容为己所用。思政课教师可以精选多篇理论经典进入思政课堂，思政课教师根据教学大纲要求，精选原著篇目，引领导读。课下，学生分组自行学习和讨论，利用周末时间参与课程的品读活动，从点到面，从面到体，原著品读活动得以良性运行，教师跟踪指导，线上线下同步交流。期末考试时，教师组织学生进行集中展示，成为考核成绩的一个类别。品读经典能够有效实现从教材体系向教学体系转变，进一步提升思想政治教育对大学生的吸引力和感染力。

3. 参观考察实践教学

参观考察实践教学能够将教学内容融于教学的各个流程中，学生更容易直观感受教学内容，接收信息后的反馈能力也将得到提升。相较于传统课堂，参观考察实践教学过程中，教师"提出问题、分析问题、解决问题"的流程更加完整，学生"产生问题、研究问题、反思问题"的意识更加强烈，这种"单向"到"多向"的转变，更容易激发学生的参与性和互动性。高校积极利用红色文化资源，引导学生知党史、学党史、懂党史，充分利用博物馆、展览馆、陈列馆、红色研学中心等思政课实践教学基地，运用其中珍藏的历史照片和文献资料，发挥其情境式教育和文化育人的优势，深入挖掘红色资源的育人价值，把思政小课堂和社会大课堂结合起来，带领学生解锁沉浸式、体验式、参与式的"红色课堂"新模式，让学生与历史事件、革命人物、革命精神展开"对话"；穿越时空距离，追溯学校与时代同频共振所留下的奋斗足迹；不断进行触及思想、深入灵魂的思考与感悟，实现心灵的震撼和精神的蜕变，在伟大创造中触动心灵，引导青年学生在与现实相结合的"大思政课"中受教育、长才干、作贡献。理论是实践的眼睛，实践是思想的真理。参观考察实践教学以"行走的思政课""场馆里的思政课"助力思政课讲好、讲深、讲透、讲活，激发学生的爱国情感和报国志向，引导广大青年学生听党话、跟党走，为实现中华民族伟大复兴而努力奋斗。

4. 理论宣讲实践教学

理论宣讲是中国共产党在长期的革命、建设、改革过程中孕育、形成并不断发展的一种宣传马克思主义尤其是马克思主义中国化时代化的重要形式。作为思想政治理论课社会实践课程，理论宣讲是思政课理论教学传播入脑入心的关键环节，发挥着武装思想、教育学生、指导实践的重要作用。要围绕与课程有关的发展成就、社会热点、难点，把习近平新时代中国特色社会主义思想作为宣讲重点，同时根据学生需要列出宣讲"菜单"，使理论宣讲更符合学生"口味"，并辅以学生提问、讨论、辩论和教师点评。通过搭建宣讲平台，采取校内宣讲和校外宣讲相结合的方式进行宣讲，重大事件、重要纪念日集中组织在校内开展理论宣讲志愿服务，让党的创新理论课堂听得见、"指尖"划得见、抬头看得见，实现理论宣讲全覆盖。从学生需求出发，用喜闻乐见的形式回答学生普遍关心的热点、难点、疑点问题，以"小故事、大道理""做演讲、学典范""手拉手、心连心""讲事实、说理论"等为主要宣讲方法把真正用得上的宣讲内容送到每一个学生的心中脑海中。运用年轻人朝气蓬勃、思维活跃的特质，用年轻人的方式让理论宣讲更加通俗易懂、生动活泼，打通理论宣讲的"最后一公里"，实现学生与思政课因为党的创新理论"双向奔赴"。

5. 虚拟仿真实验项目实践教学

2019年3月18日，习近平总书记在学校思想政治理论课教师座谈会上发表重要讲话，强调思政课建设要向改革创新要活力。近年来，虚拟仿真技术在教育领域崭露头角，其中虚拟仿真实验教学项目更是备受瞩目。这一创新性的教学方式为学生提供了更为沉浸、实用的学习体验，深刻改变了传统实验教学的面貌。虚拟仿真实验教学项目通过数字技术的应用，模拟了真实实验环境，为学生创造了更具实用性和安全性的学习机会。在体验过程中，学生在漫游模块可实现第一人称自主漫游，通过鼠标与键盘操作可实现拉近距离并对墙体内容键控触发播放各类影音资料，体验虚拟互动，在沉浸式体验中将传统教学抽象的、单一的理论以立体化、形象化的形式呈现出来，拓展实践教学边界，使理论教学与实践教学有机融合，推动思政课同信息技术融合，切实提升教学实效性。从南湖红船到"一带一路"，从精准扶贫到乡村振兴，从小康社会到共同富裕，从大国重器到科技强国……将一个个精彩的中国故事转化为具象式、立体式、交互式的虚拟仿真体验教学模块，让学生以"数字人""当事人"的身份置身于虚拟场景中，感悟历史发展脉络、革命精神和红色文化，提升思政课程的学习效果，帮助学生塑造正确的世界观、人生观、价值观，让传统的思政教学模式活起来。高校要紧跟时代步伐，牢牢抓住新时代学生群体特点，探索创新课堂教学方法，借助信息化教学的有力武器，开展"大思政课"建设，提升教学品质，丰富课程内容，要让教育有形有效有感，让思政课从内容到形式全都"活"起来。

6.志愿服务和公益活动

作为国家未来与民族希望的大学生，必须把自己的人生追求同党的宗旨、实现自身价值与服务祖国人民统一起来。作课外实践教学形式的志愿服务和公益活动，重点在于引导学生依托所学专业知识，结合专业实习，对社会大众开展科技、文化、卫生等服务活动。

"大思政课"教育理念下，高校要将思政课实践教学与志愿活动相结合，增强思政课实践教学社会性和现实性。随着社会分工的不断细化，高校思政课实践教学要将志愿服务和公益活动作为重要切入点，通过开展志愿服务和公益活动培养学生的社会责任感和公民意识，让学生了解社会问题，关注弱势群体，积极参与社会公益活动；以志愿服务项目为载体，让学生在项目实施过程中学习和成长；增强学生的实践能力和创新能力，让学生在实际操作中学会解决问题，提高自己的综合素质。因此，在开展志愿服务和公益活动的实践教学时应注意：一是建立正确的理念是引导学生进行有效社会实践和公益活动的基础，学校和社会应共同努力，加强对学生的教育和引导，使学生真正认识到社会实践和公益活动对于个人和社会的价值和意义。二是以各学院学科专业特色为底蕴，充分发挥大学生学科专业特长。志愿服务与学科专业深度融合能够增强学生以学促用的体验感和获得感，更容易激发大学生积极、持久参与志愿服务的内生动力，也能够将活动所得反作用于专业学习，提升学生的专业实践能力，以利于未来职业发展。三是要鼓励大学生在社会实践中思考沉淀，主动将"小我"融入"大我"。在志愿服务中，潜移默化地实现学生自觉增强对党的创新理论的政治认同、思想认同、理论认同、情感认同，把坚定不移听党话、跟党走融入血脉、付诸行动。

四、思想政治理论课实践教学与大学生其他社会实践的关系辨析

（一）思想政治理论课实践教学与大学生其他社会实践的相容性

都重视马克思主义的引领作用。马克思主义作为科学的世界观和方法论，为高校思政课实践教学与大学生社会实践提供了根本的指导思想。马克思主义强调实践是认识的基础，人的认识来源于实践并在实践中不断发展。在高校思

政课实践教学中，马克思主义指导学生通过实践活动，加深对理论知识的理解和掌握，提高运用理论分析和解决实际问题的能力。例如，在关于社会主要矛盾转化的思政课实践教学中，学生通过实地调研、访谈等方式，了解不同地区、不同群体的实际需求和发展状况，深刻认识到新时代我国社会主要矛盾的变化，进一步增强对中国特色社会主义理论的认同。在大学生社会实践中，马克思主义同样发挥着重要的引领作用。大学生在社会实践中，以马克思主义的立场、观点和方法去观察社会、分析问题，能够更加客观、全面地认识社会现实。比如，大学生在参与乡村振兴社会实践活动时，运用马克思主义关于生产力与生产关系、经济基础与上层建筑的辩证关系原理，分析农村经济发展、社会治理等方面的问题，为乡村发展提出有针对性的建议。

具有共同的价值追求。高校思政课实践教学与大学生社会实践在培养大学生正确价值观方面有着共同的目标。马克思主义强调人的自由全面发展，这也是二者共同的价值追求。高校思政课实践教学通过理论教学与实践教学相结合的方式，引导大学生树立正确的世界观、人生观、价值观。在实践教学中，学生通过参与各种社会实践活动，如志愿服务、社会调研等，培养社会责任感、奉献精神和团队合作意识。例如，在抗击新冠疫情期间，许多大学生积极参与社区志愿服务，为疫情防控贡献自己的力量，在实践中深刻体会到责任与担当的重要性，进一步坚定了为人民服务的信念。大学生社会实践同样注重培养正确的价值观。通过参与社会实践活动，大学生能够更加深入地了解社会、了解国情，增强对国家和民族的认同感和自豪感。在社会实践中，大学生还能够接触到不同的人和事，学会尊重他人、关爱他人，培养良好的道德品质。据统计，参与社会实践活动的大学生中，超过80%的人认为自己在价值观方面得到了提升。例如，大学生在参与红色文化社会实践活动时，通过参观革命遗址、聆听革命故事等方式，深刻感受到革命先辈的坚定信念和无私奉献精神，激发了爱国热情，增强了民族自豪感。

内容形式交叉。在内容方面，二者都涉及对社会现实问题的关注和思考。思政课实践教学中，学生可能会围绕社会热点问题进行调研和分析，如环境污染、贫富差距、教育公平等。而大学生社会实践也常常聚焦于这些社会现实问题，通过志愿服务、社会调查等形式，为解决这些问题贡献自己的力量。例如，在关注教育公平的实践活动中，思政课实践教学可能会组织学生对不同地区的教育资源分配情况进行调研，分析教育不公平的原因和影响，并提出相应的解决方案。而大学生社会实践则可能通过支教、捐赠图书等方式，直接为改善教育不公平的现状作出努力。在形式方面，二者都包括实地调研、志愿服务、社区活动等形式。思政课实践教学中的实地调研可以让学生深入了解社会现实，增强对理论知识的理解和应用能力。大学生社会实践中的实地调研则可以帮助学生更好地了解社会需求，提高自己的实践能力和综合素质。此外，志愿服务和社区活动也是二者共同的形式之一。在志愿服务中，学生可以通过帮助他人、奉献社会，培养自己的社会责任感和公益意识。在社区活动中，学生可以与社区居民互动，了解社区文化和需求，为社区发展贡献自己的智慧和力量。

（二）高校思政课实践教学与大学生社会实践之间的差异

课程性质存在差异。思政课实践教学坚持马克思主义理论的指导，具有特定的思想政治目标、科学的课程结构、系统的实施路径、严格的组织体系和规范的考核管理办法。它通常由学校统一组织实施，旨在培养学生运用理论知识解决实际问题的能力，引导学生将所学的思想政治理论与实际生活相结合，加深对理论知识的理解和认识，提升学生的思想政治道德素养。例如，在思政课实践教学中，学生可能会被要求围绕特定的主题进行社会调研、撰写调研报告等，这些任务都有明确的要求和规范的流程。大学生社会实践形式更加多样，组织相对松散。大学生社会实践尚未成为高校课程教学的一个正式部分，其组织形态、实施和考核办法均与高校正式课程有很大区别。程序上没有思政课实践教学那么规范和严格，形式上更多样，组织上更松散，目标上更宽泛。大学生社会实践可能包括社会调查、生产劳动、科技文化服务等多种形式，学生可以根据自己的兴趣和专业选择参与不同的实践活动。据统计，大学生社会实践中，约 40% 的活动是由学生自发组织的，缺乏统一的规划和管理，容易出现随意性、盲目性和无序性。例如，一些大学生可能会选择参加志愿者活动、兼职工作或者社团活动等，这些实践活动的组织和实施往往比较灵活，没有明确的课程结构和考核标准。

实施方式存在差异。思政课实践教学通常由学校统一组织实施。学校会根据教学计划和课程要求，制定详细的实践教学方案，明确实践教学的目的、任务、主题、完成形式及评价方式等。在实践教学过程中，学校会为学生安排指导教师，指导教师会全程参与学生的实践活动，为学生提供理论指导和实践建议。例如，在进行社会调研时，指导教师会帮助学生确定调研主题、设计调研方案、收集和分析调研数据等。通过这种方式，思政课实践教学能够有计划地引导学生融入社会生活，在真实的社会场景中充分发挥主观能动性，以个体独立的思维去发现、分析和解决社会生活中的实际问题，以此训练学生的独立思考能力和辨别是非的能力，最终达到培养学生运用理论知识解决实际问题的能力之目的。大学生社会实践一般由学校相关部门组织，如团委、学生会等。这些部门会根据学校的人才培养目标和学生的实际需求，制订社会实践计划，组织学生参与各种社会实践活动。大学生社会实践的组织形式相对灵活多样，既可以是班级为单位的集体活动,也可以是学生社团组织的活动,还可以是学生个人自发参与的活动。例如,学校团委可能会组织学生参加"三下乡"社会实践活动,学生会可能会组织学生参与社区志愿服务活动,学生社团可能会组织学生进行文化调研活动等。与思政课实践教学相比,大学生社会实践的组织形式更加松散,实施过程也更加灵活。在大学生社会实践中,学生的自主性和选择性更强,他们可以根据自己的兴趣爱好和专业特长选择适合的实践活动。同时,大学生社会实践的考核方式也相对较为宽松,一般以实践报告、心得体会等形式进行考核。据统计,在大学生社会实践中,约70%的学生认为在实践过程中能够充分发挥自己的主观能动性,提高自己的综合素质和能力。

(三)高校思政课实践教学与大学生社会实践协同发展的必要性

二者的交叉性为协同发展奠定了基础。首先,内容上的交叉可以使学生在不同的实践活动中加深对同一社会问题的认识和理解。例如,学生在思政课实践教学中对环境污染问题进行了调研和分析,在大学生社会实践中又参与了环保志愿者活动,这样可以使学生更加全面地了解环境污染问题的现状和解决方法,提高自己的环保意识和责任感。

其次,形式上的交叉可以为学生提供更多的实践机会和平台。思政课实践教学和大学生社会实践可以相互借鉴和融合,共同开展形式多样的实践活动。例如,在思政课实践教学中引入志愿服务的形式,让学生在服务他人的过程中更好地理解和应用理论知识;在大学生社会实践中加强理论指导,提高实践活动的思想性和针对性。

最后,协同发展可以提高实践育人的效果。通过整合思政课实践教学和大学生社会实践的资源,可以实现优势互补,提高实践育人的质量和水平。例如,学校可以组织思政课教师和社会实践指导教师共同参与实践活动的设计和指导，为学生提供更加全面和专业的指导服务。同时，学校还可以建立实践育人的长效机制，加强对实践活动的管理和评估，确保实践育人工作的顺利开展。

经过多年的教学实践探索，思想政治理论课实践教学与大学生其他社会实践相互融合，形成合力的呼声越来越强烈。教育部于 2015 年 9 月 28 日印发《高等学校思想政治理论课建设标准》，2017 年 2 月 27 日中共中央、国务院印发《关于加强和改进新形势下高校思想政治工作的意见》，2022 年教育部等十部门印发《全面推进"大思政课"建设的工作方案》等，中央一系列相关文件都明确要求：整合资源强化实践教学，推动思想政治理论课实践教学与大学生社会实践活动有机结合，整合思想政治理论课教师和辅导员队伍，共同参与组织指导实践教学，要形成实践育人统筹推进工作格局。在这些纲领性文件的指导下，各个高校都从加强协同育人机制、拓展内容形式、深入研究影响机制及加强针对性研究等方面深入探索，争取实现高校实践育人功能最大化。

第二章

高校思想政治理论课实践教学管理体系建设

高校扛牢办好落实立德树人根本任务关键课程的政治责任，既要精耕细作课堂教学，又要善作善成，不断健全完善思想政治理论课实践教学管理体系建设。因此，思想政治理论课实践教学要取得新突破，达到新境界，必须从实践教学管理体系建设入手，夯实思想政治理论课实践教学重要支撑。

一、加强思想政治理论课实践教学教师队伍建设

习近平总书记强调，办好思想政治理论课关键在教师，关键在发挥教师的积极性、主动性、创造性[①]。并针对提高思政课教师素养提出了六个"要"：政治要强，情怀要深，思维要新，视野要广，自律要严，人格要正[②]。办好思想政治理论课实践教学关键在教师，努力培养更多让党放心、爱国奉献、担当民族复兴重任的时代新人，提高教师实践教学能力，是提升人才培养质量的重要环节，也是提高人才培养质量的重要切入点和突破口，因此亟须加强思想政治

①②习近平. 在学校思想政治理论课教师座谈会上的讲话［J］. 求是，2020（22）.

理论课实践教学教师队伍建设。

（一）思想政治理论课教师实践教学能力现状

1. 对实践教学理解不深入

一些高校及教师错误地认为理论教学是思政课的核心，实践教学只是理论教学的补充，可有可无。这种错误认识导致在教学安排中，实践教学往往被忽视，课时被压缩，资源分配不足。例如，有的高校思政课理论教学课时占总课时的 80% 以上，而实践教学课时不足 20%。这种重理论轻实践的教学模式，使得学生对思政课的理解停留在书本知识层面，难以将理论知识与实际生活相结合，无法真正理解思政课的内涵和价值。同时，这种错误认识也影响了教师对实践教学的投入和重视程度。教师在教学过程中，可能更注重理论知识的传授，而忽视实践教学的组织和指导，导致实践教学效果不佳。

2. 实践教学师资力量不足

作为思政课建设的主力军，思政课教师队伍的专业素养直接决定着教育教学的质量和成效。充足的思政课教师数量和师资队伍规模是思政课实践教学质量提升的前提和基础。

教师的指导能力和实践基地的建设对思政课实践教学起着至关重要的作用。教师作为实践教学的组织者和引导者，其指导能力直接影响着学生的实践效果。如果教师缺乏对实践教学的深入理解和有效的组织能力，就无法为学生提供有针对性的指导和帮助。例如，在实践教学过程中，教师如果不能合理地设计实践方案、引导学生进行深入思考和分析问题，那么学生的实践活动就会变得盲目和无序，无法达到预期的教学目标。

教师指导热情不足也是导致资源使用率低的一个重要原因。一方面，由于对思政课实践教学的重视程度不够，教师在实践教学中的投入相对较少。部分教师认为实践教学只是理论教学的辅助，没有将其作为教学的重要组成部分，因此缺乏指导的积极性。另一方面，缺乏有效的激励机制也是教师指导热情不足的原因之一。在很多高校，教师的工作量主要以理论教学课时和科研成果为衡量标准，实践教学的指导工作并未得到充分的认可和奖励。这使得教师在面对实践教学任务时，缺乏动力和热情。教师指导热情不足，直接影响了学生对实践教学的参与度和积极性。学生在缺乏教师有效指导的情况下，难以充分利用实践资源，导致资源的使用率低下。例如，在一些社会实践活动中，由于教师指导不到位，学生只是走马观花地参观，无法深入思考和领会实践活动的意义，实践资源的价值未能得到充分体现。

培养学生的实践能力，不但要求思政课教师具备深厚的思想政治理论知识，同时还要求教师本身也具备丰富的实践经验。但是当前我国高校的思政课教师均为高校博士、硕士毕业，学历较高能够满足教学科研的需要。但均为"出校门、进校门"的形式，几乎没有从事或参与过社会生产劳动和其他与课程相关的实践形式，存在理论脱离实际的问题，也会造成在教学中偏重理论讲解，而忽视实践操作。另外，还有一部分教师的专业背景与实践教学内容不匹配，教学经验、实践经验尚不够丰富。部分年轻的思政课教师在以往的学习中很少接触实践教学，所以对于实践教学也并不是很了解，对于专业知识中的重点和难点问题也没有特殊分析，导致课堂的教学效果不佳，出现学生学习积极性不高的现象。不仅是年轻教师，许多有着丰富教学经验的教师也依旧沿用传统的教学方法，将理论知识单方面灌输给学生，忽视学生的主体作用，导致学生只做理论知识的简单接受者，而无法成为知识的运用者和探索者。这一系列的问题都会影响学生在学习过程中对于知识的掌握和理解。因此，加强实践教学教师队伍建设，必须进一步提升实践教学教师的专业教学水平。

（二）建设高水平思想政治理论课实践教学教师队伍

1.转变对思想政治理论课实践教学的认知和态度

要想转变对思想政治理论课实践教学的认知和态度，首先要求思想政治理论课教师必须要更新育人理念，那么，学校就要自上而下加强重视，建立高校思想政治理论课实践育人领导机制。实践观点是首要的基本的观点。要培养学用一致的、理论与实践相结合的、全面发展的社会主义建设者和接班人，学校必须去除"重理论，轻实践"的落后理念，建立有效的领导机制，成立思政课实践育人指导机构，由主管校领导担任机构负责人，主抓落实思政课实践育人工作，并责成相关职能部门配合思政课教学部门，设定完善的实践育人工作规范，以保证其有效开展。

教师在授课过程中表现出来的热情、对待学生的态度等都会在不同程度上影响学生。在实践教学中，思政课教师需要给出学生足够的独立思考、探究学习及实践活动的空间和时间，帮助学生在互相分享的过程中找准问题所在，构建全新的知识体系，形成创新性的思维能力[①]。因此，实践教学对于教师的要求比理论教学更高。它要求教师用大量精力去掌握学生思想状况，去观察社会，将学生关注的热点问题与课程内容有机结合，精心设计，根据学生需要和实施现状不断调整和完善实践教学，才能给学生恰当的实践指导，达到良好教学效果。学生只有感受到了教师的魅力，才能够与教师产生高效、同频的互动和配合，与教师共同创造出生动的实践课堂。

教师必须要充分认识到思政课实践教学是大学生思政教育的重要组成部分，同理论课教学一样具有十分重要的地位，教师必须同等重视，进行教学规

---

① 彭付芝.高校思政课参与式教学模式的创新探索：以"毛泽东思想和中国特色社会主义理论体系概论"课为例［J］.思想政治教育研究，2013（6）：34.

划，编写教学方案，规划教学计划，设计教学方法，丰富教学手段。

2. 加强对思想政治理论课教师实践教学指导能力培训

教师能力的提高是思政课实践教学取得良好效果的重要保障，加大教师培训力度是提高实践教学育人水平的主要途径。高校教师的教学能力分为基础性教学能力和发展性教学能力，基础性教学能力是所有教师都应该具备的基本能力，发展性教学能力是高校教师教学能力的独特组成部分[①]。因此，高校必须从以下几个方面着手，重视和加强对思想政治理论课教师实践教学能力的培训。

一是采用"请进来、走出去"的方式，聘请党政领导干部、企事业单位管理专家、社科理论专家等加入思政课教师队伍，可以邀请行业先进模范、大国工匠、创新创业先锋、红色基地讲解员、乡村管理及科技人员指导思政课教师实践训练，并充实指导教师队伍。统筹思想政治理论课教师、专业课教师、专兼职辅导员、实践教学基地负责人多方力量，深入落实高校思想政治理论课教师队伍后备人才培养专项支持计划，通过培训交流推动思政课教师实践教学素质和能力的提升。另外，作为联系高校和社会的重要纽带，社会导师能给予最贴合实际的社会指导，塑造更立体的知识面，培养大学生的政治导向和价值引领，以理论知识结合实践经验演变出"1+1>2"的效果。在协同育人理念上，为进一步加速实践教学模式的改革，构建全方位育人的实践教学体系，双师型师资将成为大学社会实践教育的新模式，填补了高校社会实践教育层面的空白。

二是建立教师交流平台，促进教学经验分享。教师教学经验的积累和分享对于提升思想政治理论课的教学实效性至关重要。建立起教师交流平台，促进

---

① 李朝.高校教师教学能力构成及影响因素研究［J］.黑龙江高教研究，2017（1）：75.

教师之间的经验交流和资源共享，对于提高教学水平有着不可替代的作用。可以通过组织教研活动、举办教学展示和交流会等形式，营造出积极的教学互动氛围，鼓励教师互相学习和借鉴，不断提高自身的实践教学水平。倡导高校各门思政课开展共同备课，建立暑期研修班等形式，多个高校实现备课联动，通过对各门思政课实践教学内容的科学设计、合理安排，打破课程壁垒。鼓励和支持思政课实践教学通过建立网络交流平台，引导教师主动回应时代诉求提高网络应用能力和综合素养，让思政课教师在日常的教学工作中能够通过信息化教学平台、微博微信以及短视频等多种方式分享自己的教学经验和心得，促进实践教学方法的创新和发展，将价值塑造、知识传授和能力培养融为一体，推进"大思政课"走深走实。

三是破除固有教师归属壁垒，树立大思政师资理念。各高校马克思主义学院可以充分结合学校特色，从其他金牌学院抽调骨干教师，组成优秀教学团队，将红色文化、优秀传统文化、社会主义先进文化与国外优秀文化有机结合，拓展教育内容。不同主体带来了丰富的知识和经验。思政课教师具备专业的思想政治教育理论知识，能够深入解读思政课的核心内容，为学生提供系统的理论指导。专业课教师则可以将思政教育与专业知识相结合，在专业教学中融入思政元素，实现知识传授与价值引领的有机统一。例如，在工程类专业课程中，专业课教师可以结合工程伦理和社会责任，引导学生树立正确的职业价值观。辅导员与学生接触密切，了解学生的思想动态和实际需求，能够在日常管理中及时进行思想政治教育和心理疏导。行政管理人员可以从学校管理层面为思政课实践教学提供支持和保障，协调资源分配，确保实践教学活动的顺利开展。马克思主义学院教研部每学期都可以聘请各系团总支书记、辅导员等担任思政课实践教学的指导教师，设立专业教师、思政课教师和辅导员集体备课制度，构建起问题共商、路径共同的合作育人工作机制，为思政课实践教学活动的开展提供有力的保障，形成专兼结合、相互协同的思政实践育人合力。通过搭建思政育人共同体，可以将各方面的力量凝聚起来，形成全员育人、全过程育人、全方位育人的良好局面。各主体之间相互协作、相互配合，共同为培养德智体美劳全面发展的社会主义建设者和接班人贡献力量。

3. 切实提升思想政治理论课教师实践教学指导综合能力

思想政治理论课本身就具有与时俱进的特点，这就要求思政课教师要紧跟时代的脉搏。在指导学生的实践中，提高思想政治理论课实践教学的质量要紧紧抓住教师这一中心环节，把好教师内在水平这一关键枢纽。思想政治理论课教师要增强内驱力，增强自我提高意识，不断学习优化本领，始终保持自我学习和教育，强化内在技能提升，带领学生在实践教学中深入探索，进一步提高实践教学的综合素质和能力。

第一，增强教师的交流沟通能力。增强思政课教师的交流沟通能力对于提高思政课教学质量至关重要。良好的沟通是了解学生的学习、生活情况，关注他们的成长和发展需求。在交流中能够体现对学生的关心和爱护，建立良好的师生感情。交流沟通能力是教师实践教学能力培养的基础。无论是前期的布置实践任务，清晰交代实践主题、实践流程、实践成果和实践评价，还是中期帮助学生切实解决实际问题、打开学生思路，或是在与学生共同参与实践活动时与实践教学基地、当地负责人等进行沟通，都需要加强交流沟通能力，以确保实践教学整个流程顺畅无阻。

第二，增强教师的组织协调能力。思政课的实践课程按照要求可以分为课堂实践和社会实践。无论是课堂实践还是社会实践都需要教师的充分设计。建构主义虽然强调学生的主体地位，但它并不忽略教师的作用。因此，思政课的实践，在一定程度上考验教师的组织协调能力。组织协调能力是指个体在组织、协调和整合资源时所展现出的能力。这种能力包括对资源的合理分配、对任务的规划与执行以及在团队中协调各方关系以达成共同目标。在开展实践教学过程中，一个具有强大组织协调能力的教师能够有效地整合实践活动所需的资源，确保任务的顺利进行，并推动实践教学目标的实现。组织能力体现在实践教学的始终，比如学生参加实践活动时遇到困难而打退堂鼓时，教师如何调整他们的心态，帮助他们克服心理阻碍继续以积极的态度寻找解决路径；或是小组内的学生因意见不一致发生矛盾时，都需要教师具有良好的组织协调能力；当教师带领学生外出进行实践，如何有序管理学生和面对突发状况如何保证活动的顺利开展，也需要教师具有良好的组织协调能力。

第三，增强教师的对接协同能力。实践教学的开展避免不了与其他组织进行对接。在校内开展实践教学时，要加强协调联动。对实践教学的时间、流程、参与人员等都需要与其他组织展开对接，并针对需要解决的问题形成清单，明确责任人、时间表、路线图；在校外开展实践教学时，教师需要着力做好调查研究，以结果为导向，制订更详细的计划，并与校外实践基地的有关部门和工作人员进行有效对接，帮助学生顺利展开校外实践任务。

4. 鼓励师生同行参与社会实践活动

《普通高校思想政治理论课建设体系创新计划》(教社科〔2015〕2号)指出，实施高校思想政治理论课建设体系创新计划的基本原则是：坚持理论与实际相结合，注重发挥实践环节的育人功能，创新推动学生实践教学和教师实践研修。因此，思想政治理论课教师要积极参与、指导大学生社会实践。寒暑假期间是大学生进行社会实践的集中时期。教师要积极开展学业辅导、科普宣讲、素质拓展、自护教育、思想引领、心理辅导等活动，更好组织学生以更高的综合素质投入社会实践。通过这些参与，同步锻炼提高自身实践教学组织管理能力。各个高校应统筹安排思想政治理论课教师指导和参加学生社会实践活动，如参加志愿服务、挂职锻炼、学习考察等活动。这不仅可以发挥思想政治理论课教师的专业知识优势，也可以锻炼提高他们实践教学的组织管理能力。应根据教师在社会实践活动中实际承担的实践育人工作计算工作量，并将其纳入年度考核内容。

二、完善思想政治理论课实践教学组织管理系统

教育部 2015 年印发的《高等学校思想政治理论课建设标准》在二级指标中专门设有"实践教学"，指标内容包括："实践教学纳入教学计划，统筹思想政治理论课各门课的实践教学、落实学分（本科 2 学分，专科 1 学分）、教学内容、指导教师和专项经费。实践教学覆盖全体学生，建立相对稳定的校外实践教学基地。"科学建构实践教学体系是确保高校思想政治理论课实践教学有序和高效开展的基础与关键。

2024 年 5 月，习近平总书记对学校思政课建设作出重要指示强调："新时代新征程上，思政课建设面临新形势新任务，必须有新气象新作为。"[①] 这就要求高校要全面贯彻党的教育方针，深入贯彻落实习近平总书记关于思政课建设的重要指示批示精神，坚持守正创新，破除思维局限，坚持系统观念，整合课内课外、校内校外、线上线下一切可以利用的资源，完善思想政治理论课实践教学组织管理系统。

目前，由于没有体制机制的保障，许多高校的思想政治理论课实践教学在

---

① 中共北京市委教育工作委员会. 以首善标准办好学校思政课培养担当民族复兴重任的时代新人［J］. 红旗文稿，2024（11）.

相当程度上带有随意性和随机性，不同程度地存在教学与实际生活结合不紧密、社会资源开发利用能力薄弱、对实践教学重视程度有待加强等问题。导致在实际的实践教学中，实践活动的宣传意义大于教育意义，出现为实践而实践，为宣传而实践，虎头蛇尾甚至有名无实，实践教学流于形式。因此，必须加强完善思想政治理论课实践教学组织管理系统，为开展思想政治理论课实践教学奠定良好基础、提供坚实保障。

（一）思想政治理论课实践教学的领导管理机构

在新时代，国际国内局势不断更新，各种社会思潮不断涌现，各种价值观念不断影响着青年群体，高校思想政治教育日益凸显出极端重要性。而思想政治理论课实践教学作为提高高校思想政治理论课实效性的重要抓手，其领导管理机构的研究就显得尤为必要。有效的领导管理机构能够协调各方资源，确保实践教学的顺利开展，为培养德智体美劳全面发展的社会主义建设者和接班人提供有力保障。同时，随着教育改革的不断深入，构建科学合理的思想政治理论课实践教学领导管理机构，对于提高教学质量、增强学生的思想政治素质具有重要意义。

学校党委可以牵头组建由领导、宣传部、教务处、团委等部门组成的思政课实践教学领导小组，明确各部门的职责和分工，确保实践教学活动的顺利开展。宣传部可以利用自身的宣传渠道，为实践教学活动进行广泛宣传，提高活动的知名度和影响力，吸引更多的学生参与。教务处可以协调教学时间安排、空闲教室和校内资源申请等，为实践教学提供场地和时间保障。团委可以组织学生社团参与实践教学活动，充分发挥学生的主体作用，提高学生的参与度和积极性。通过领导管理机构的组织协调，各方资源得以有效整合，为思政课实践教学的顺利开展提供了有力保障。

特别是应在马克思主义学院成立学生思想政治课实践教学指导小组，负责具体指导学生思想政治课实践教学，进行科学合理规划，制定规范的实践教学大纲和实践教学指南，把实践教学作为课堂教学的重要组成部分纳入教学计划，作出统一安排，并与专业课的实习和实训有机结合，保证理论与实践教学的比例，即保证三分之一课时用于实践教学。建立健全实践教学规章制度，逐步形成完整的实践教学体系；党委宣传部为思想政治理论课实践教学的指导、协调部门；团委要积极组织学生参与实践教学活动，发挥学生社团的作用，鼓励学生自主开展社会实践和志愿服务活动。马克思主义学院则要负责实践教学的具体实施，制定教学大纲、组织教学活动、评价教学效果。各部门之间要建立定期沟通机制，及时交流信息、解决问题，形成工作合力。要成立由各部门负责人组成的思政课教学质量检查督导组，制定合理的指标体系，通过定期进入课堂听课，对思政课教学运行过程和教学质量进行监督，并及时进行改进，保障思政课教学的开展与质量。各高校要结合自身的特点和人才培养目标，将思想政治理论课实践教学纳入学校各个专业的人才培养方案中，特别是融入实践育人体系之中，确保实践教学学分、学时得到落实贯彻，确保中央文件规定的各项经费落实到位。

高校思政课实践教学的顺利开展，需要建立完善有效的科学管理机制，要形成一个管理科学、运行有效、权责明确的管理体制机制。教务处是管理机制运行的主体，要通过日常管理机制和创新管理机制，为思政课实践教学的创新提供实施可能和实施配套。教务处要积极制定思想政治理论课教师实践教学工作量计算办法等，并检查、督导、协调全院的思想政治理论课实践教学活动。要拟订合理的教学工作计划，并根据实际情况不断更新和调整课程计划，做好校内校外的实习基地的建设。随时跟进和掌握教学进度，检查后及时督导，并对教学成果进行考核，将实践教学纳入精品课建设规划，列入教学成果奖评选活动等。联系聘请校外专家，定期指导和审核实践教学的大纲、教学计划等，联系实际制定动态的实施方案，为思政课的教学实践保驾护航。教务处也要认真做好实习实践安全教育工作，本着"防重于治"的原则，在实践前对学生进行扎实细致的安全教育工作，与实践单位、学生签订安全责任书，实时追踪学生实践教学状况，及时排查并解决可能存在的问题，确保实践工作安全有序开展。另外，教务处要建立思政课教师在实践教学中的任务量制度，规划好实践教学与课堂教学的核算系数等，激励教师投入实践教学的开展和工作方法的创新。

另外，细化学校各相关职能部门的具体工作任务。学校宣传部、人事处、教务处、科研处、团委、学生处等相关职能部门要积极配合、协助开展思想政治理论课的实践教学活动。例如，校团委、学生处应和马克思主义学院协同发力，在拓展第二课堂、提升学生社会责任感和使命担当方面深耕探索，成立相关学生社团，由马克思主义学院思政课教师担任指导教师，定期举行理论学习会、学习分享会、经验交流会；马克思主义学院也可与组织部、宣传部等部门相配合，通过学校官微、校团委官微、官网等进行实时报道、推广宣传。由学校团委负责的志愿服务以及在"三下乡"实践活动中可以协同马克思主义学院打造思政委员专项团队，以"思政课教师＋带队老师＋思政委员"模式组队，依托专业特色，围绕实践主题，调动学生学习积极性，着力打造大学生社会实践品牌，增强学生社会责任感与使命感，让实践教学活动成为青年学生成长的大思政课堂，提升思政课实践教学效果。努力实现思想政治理论课实践教学与大学生其他社会实践的融会贯通，做到学分互认，不增加学生的额外负担。

最后，学校财务部门应坚持育人导向和问题导向，明确服务岗位职责，按相关规定保障思想政治理论课实践教学正常的教学科研经费的支出，建立严格的资金使用管理制度，加强对资金使用的监管和控制，规范资金使用流程，做到有进有出，有数有据，精细管理。完成与教务处学籍管理系统的对接，有序推进思想政治理论课实践教学费用的审核和支出，逐步完善数据化管理，建立资产管理台账，科学安排资金使用计划，并加强预算执行情况的监督和考核。

（二）马克思主义学院思政课实践教学全方位管理实施

思政课实践教学以习近平新时代中国特色社会主义思想为指导，全面贯彻党的教育方针，遵循大学生成长规律和教育规律，以培育和践行社会主义核心价值观为立足点，以形式多样的活动为载体，引导大学生在实践中识国情、受教育、长才干、作贡献，树立正确的世界观、人生观和价值观，努力成长为中国特色社会主义事业的合格建设者和可靠接班人。马克思主义学院负责组织实施、指导协调思想政治理论课实践教学各项工作，承担领导责任、监管职能和保障职责。

1.思想政治理论课实践教学课程管理与建设

高校思政课实践教学一方面带有延续性及系统性，另一方面针对较为重要的思政理论内容，需要在一段学时内及时实践消化[1]。马克思主义学院作为思想政治理论课实践教学的组织实施单位，应对实践教学的各个具体环节实行全方位的管理。

马克思主义学院主要职责包括：（1）动态调整思想政治理论课实践课程的教学内容，并组织力量编写实践教学指导用书，制定实践教学实施方案、实践教学课程质量标准和学生实践教学考核办法和标准。（2）拟定、落实课程《教

---

① 薛江谋.中国精神融入高校思政课实践教学的关键点［J］.福建茶叶，2019（12）：72.

学大纲》；制定和执行课程《实施方案》和工作规划，计划实践教学学期开课计划，检查、督导任课教师的实践教学活动，组织思想政治理论课教师参加社会实践研修和学习培训活动。（3）马克思主义学院及培训指导中心要根据思想政治理论课实践教学工作的实际情况，建立健全各项规章制度和编印教学辅助资料，确保各项工作有章可循，有序运行。（4）遴选、确定指导教师人选，分配课程教学指导任务，规定实践教学指导教师基本职责和工作量计算办法。（5）抓好培训中心组织、制度、师资及硬件建设工作，完成重点建设项目任务。（6）组织指导教师学习实践教学相关理论，开展指导教师业务能力的培训。（7）将实践教学纳入马克思主义理论学科建设，打造实践教学精品课程。（8）马克思主义学院及培训指导中心要不断优化教学运行的技术平台，维护课程网站及软件系统的正常、安全运行。与校信息技术中心共建实践教学网站，负责实践教学内容更新、通知发布等，制定突发事件预案。（9）负责培训指导中心办公室设施设备的管理和文件资料的收集、整理、归档。（10）筹划、落实培训指导中心的动员会、评价会、培训会、研讨会以及教学检查、评选表彰等事宜，帮助教师参加各种教学科研成果评奖。（11）每一轮实践教学结束之后，马克思主义学院或培训指导中心应及时组织教学工作总结评价会，查找实践教学中存在的问题，提出解决的对策，明确下一步工作的思路。马克思主义学院和培训指导中心在加大思想政治理论课实践教学宣传报道、评选表彰力度的同时，要采取措施，通过多种途径，促进学生评选成果的及时转化、应用。

2. 负责与其他管理部门、专业院系的沟通协调

高校实践育人工作是一个系统工程，也是一个全员育人的工程，马克思主义学院作为立德树人工作的排头兵，负责指挥、协调教学运行工作，搞好教学各个环节的组织管理。协调各个学院做好大学生的思政实践教学和体验工作。

协调教务处和其他院系共同打造"五育并举"思政实践活动，引导和帮助学生树立正确的世界观、人生观和价值观。马克思主义学院还应负责主持并协同各专业教研室做好本院教学规范化建设，抓好课程建设，保证教学质量。应主动加强与各教学学院和社会相关业务部门的横向联系与合作。加强党的建设和马克思主义理论研究，配合职能部门做好宣传工作、意识形态工作。配合团委将思政社团作为创新大学生思想政治教育实践的重要载体，培养具有坚定信念的青年马克思主义学生骨干。

3. 设置思想政治理论课实践教学教研室

思政教研室是思政课部（公共课部）下属的教研室之一，负责全校思想政治理论课的教学与管理工作，并对大学生进行系统的马克思主义理论教育。本教研室以培养富有创新精神与实践能力的应用型人才为目标，坚持理论与实践相结合，切实深化教育教学改革，以培养出大批高素质技能人才为己任。通常思政教研室承担着全院思想政治理论课五门课程的日常教学和管理工作。但随着实践教学逐步成为单列课程，以及实践教学课程的特殊性，需要在马克思主义学院内部设置思想政治理论课实践教学教研室，并通过教研室进行实践教学的日常教务管理活动。思想政治理论课实践教学应立足面向全体、人人参与，分层指导、形式多样，注重实效，良性循环、长效运行，通过课内实践、课内外衔接等两个层面指导实施。全体思想政治理论课教师都是实践教学课的任课教师。

实践教学教研室的主要职责包括：负责制定实践教学建设整体规划方案与宏观管理；统筹二级学院实践教学任务落实工作，并协助做好质量监控工作；统筹实验实训平台、虚拟仿真实验教学中心等实践教学平台的建设与管理工作；统筹实践教学信息化建设工作；统筹实践教学周工作开展；学校实践教学数据的整理、收集、上报工作；实践教学经费预算上报及划拨工作；宣传推广实践教学先进工作经验。现在，多数学校都设置了学校和院系两级教学督导室，对教师教学活动进行督促和指导。思想政治理论课实践教学作为一门课程，也应纳入学校和马克思主义学院两级教学督导范围。

4. 开展实践教学教师培训

领导管理机构应高度重视教师培训，制订系统的教师培训计划，以提高教学水平。一方面，定期组织教师参加思想政治理论和教育教学方法的专业培训。例如，可以邀请知名专家学者来校开展讲座和研讨会，分享最新的教学理念和方法。据统计，一些高校通过邀请专家开展培训，教师的教学满意度大大提升。另一方面，鼓励教师参加校外的学术交流活动和实践教学培训课程，拓宽教师的视野和思路。可以选派优秀教师参加全国性的思想政治理论课教学研讨会和实践教学培训班，学习先进的教学经验和实践教学模式。同时，利用网络平台开展在线培训课程，方便教师随时随地进行学习。领导管理机构还可以组织教师开展校内的教学观摩和交流活动，促进教师之间的相互学习和共同进步。例如，定期组织教师进行公开课展示，让教师在观摩中学习借鉴优秀的教学方法和技巧。

5. 建设思想政治理论课实践教学的数字化阵地

随着信息技术的不断发展，数字化管理在教育领域的应用越来越广泛。未来的研究可以探索如何利用数字化平台加强对思想政治理论课实践教学的管理。例如，建立实践教学管理系统，实现实践教学计划、组织、实施、评价等环节的信息化管理。通过数字化管理，可以提高管理效率，及时掌握实践教学的进展情况，为领导决策提供准确的数据支持。近年来，不少高校都已经搭建起了网络思政教育平台，通过线上教学、互动交流等多种形式，进一步拓展了思政教育的覆盖面,增强了思政课的育人效果。新质生产力的发展,对高校思政教育工作提出了新的要求。但鉴于互联网技术的复杂性和多面性,加上网络科技的更新也在加快,以及部分教师因年龄等多层叠加原因,其网络教学能力不强、信息化专业素养不高。这使得高校网络思政教育平台的构建与维护也面临着不断更新与升级的机遇和挑战。这需要各高校不断拓展思想政治理论课网络实践教学的途径和手段。

首先,马克思主义学院和思想政治理论课教师要积极探索思想政治理论课网络实践教学试点,不断丰富网络实践教学内容。学校应精准把握网络传播媒介最新发展趋势,抓住教育系统融媒体发展机遇,积极主动探索新兴媒体推动思政实践教学的有效路径,搭建线上线下、校内校外、传统媒体和新媒体相融合的校园媒体矩阵。在条件成熟时,还应建设全国性的高校网络思想政治创新发展中心。各高校可以建立网络思想政治教育教学各类资源互动平台,加强高校思想政治工作信息管理系统共建与资源互享。其次,高校党委宣传部、校团委、学工部、教务处、信息技术中心和马克思主义学院等部门应密切配合,建立包括思想政治理论课、思想政治工作和社会实践育人在内的思想政治教育专门网站。再次,各高校还应加强网络安全监管,用技术筑牢"防火墙",营造稳定安全的线上教学环境。最后,高校还应积极引进和培养具备跨学科背景和创新能力的人才,充实教师队伍。这些人才可以为网络思政实践教育教学带来新的思路和方法,推动思政教育的创新和发展。总之,要通过多方努力和积极介入、引导和管理网络实践教学,使网络和网络实践教学成为高校实践育人和践行社会主义核心价值观的高新平台。

三、重视思想政治理论课实践教学资源的整合与利用

在当今时代，思想政治理论课对于培养学生正确的世界观、人生观和价值观起着至关重要的作用。目前，高校思想政治理论课实践教学资源涵盖人力、物力、财力、活动、信息、制度等多个方面；人力资源包括思政课教师、辅导员以及学生群体等，他们在实践教学中发挥着重要作用；物力资源如实践基地、硬件设施等为实践教学提供了物质保障；活动资源丰富多样，包括校园文化活动和社会实践活动等；信息资源在网络世界和媒体环境下为实践教学提供了丰富的素材和指引；制度资源则为实践教学的开展提供了依据。随着教育改革的不断推进，思想政治理论课实践教学的重要性日益凸显。然而，尽管实践教学资源丰富多样，却存在着整合利用不足的问题。在实际教学中，这些资源却未能得到充分整合和利用。例如，人力资源主体多元但分工不明，思政课教师、辅导员等沟通不足，缺乏统一调度；物质资源分散，使用率不高，思政课教师在实践教学时不清楚存在哪些物质资源或使用不便；活动资源交叉重复，与教学内容联系不够紧密；信息资源利用思路不对头，未充分认识新媒体在思政理论课实践教学中的影响力。这些问题的存在，严重影响了思想政治理论课实践教学的效果。因此，整合与利用思想政治理论课实践教学资源成为当前亟待解决的重要课题。

（一）实践教学资源的内涵与分类

思政课实践教学资源的广义定义包括一切能够为思政课实践教学服务的人力、物力、财力、活动、信息、制度等资源。狭义定义则主要指与思政课实践教学直接相关的资源，如实践基地、案例分析、社会实践活动等。

从不同角度看，思政课实践教学资源可分为不同类型。从资源在实践教学

中发挥的作用看，可分为人力资源、物力资源和财力资源。人力资源主要包括思政课教师、辅导员、学生等，他们是实践教学的发动者、组织者和实施者。物力资源主要指实践教学场地、器材、案例等，是组织开展实践教学的基础条件。财力资源主要是指实践教学中的经费投入，是实践教学得以顺利进行的保障条件。

从资源的权属看，可分为校本实践教学资源和社会实践教学资源。校本实践教学资源又可分为课堂实践教学资源和学校实践教学资源。课堂实践教学资源如课堂讨论、案例教学等活动中的教师、学生、讨论选题等。学校实践教学资源包括学校辩论赛、演讲比赛等活动中的设计者、组织者、参加者及投入的经费等。社会实践教学资源则是指社会上的各种资源，如企业、社区、博物馆等。

（二）实践教学资源利用的原则

在思政课实践教学资源开发中，应遵循兴趣性原则。例如，在教学过程中，可以结合当前热点事件和学生感兴趣的话题，开发相关的实践教学资源，激发学生的内驱力和学习兴趣。如利用新媒体平台，开展关于中华民族伟大复兴中国梦的讨论活动，引导学生关注国家发展，增强民族自豪感。

遵循广泛性原则。现代视听技术、信息技术和互联网等为课堂教学提供了开放的资源。可以利用网络资源，如在线视频、学术论文等，丰富教学内容。同时，也可以通过社交媒体平台，组织学生进行线上讨论和交流，拓宽学生的视野。

遵循开放性原则。以开放的心态对待人类创造的一切文明成果，尽可能开发与利用有益于教育教学活动的一切可能的课程资源。例如，与企业合作，建立实践教学基地，让学生在实践中了解企业的管理模式和文化，增强学生的实践能力和职业素养。

在开发方法上，可以大力开发教师自身资源。教师要更新传统教学观念，树立现代教育理念，将教学重点从知识传授转向学生的信念培养和世界观、方法论的形成。同时，改革教学方式方法，丰富课堂教学。将教材内容与现实重大事件、时政热点相结合，重视学生的主体地位和作用，将群体教育与个别教育结合起来，发挥自身特长，重视对教学活动的总结和反思。

还可以开发学生资源。学生具有双向性，既是被教育者，也是自我教育者。可以组织学生开展社会实践活动，如志愿者服务活动、社会调查等，让学生在实践中加深对理论知识的理解和掌握，培养学生的社会责任感和创新精神。

此外，要注重教材资源的开发。教材是教学的重要依据，但不能局限于教材内容。可以结合实际情况，对教材进行拓展和延伸，开发补充教材、案例集等资源，提高教学的针对性和实效性。

（三）各类实践教学教育资源协同利用

1. 校内资源与校外资源的协同

校内资源主要包括校园文化活动、课堂教学资源等，校外资源则涵盖社会实践基地、企业、社区等。校内资源与校外资源的协同能够为学生提供更加丰富的学习体验。

校内实践基地资源丰富多样，其中思想政治理论课影视教育中心是一个重要的实践教学场所。思想政治理论课影视教育中心可以为学生提供丰富的影视资源，这些资源涵盖了历史、政治、文化等多个方面，可以帮助学生更直观地理解思想政治理论课的内容。例如，播放革命历史题材的电影，如《建国大业》《建党伟业》等，可以让学生深刻感受到中国共产党的奋斗历程和革命精神；播放反映社会现实问题的纪录片，如《厉害了，我的国》等，可以让学生了解国家的发展成就和面临的挑战，增强学生的民族自豪感和责任感。思想政治理论课影视教育中心还可以组织学生进行影视评论和讨论活动。学生在观看完影视作品后，可以结合思想政治理论课的内容，对影视作品进行分析和评价，发表自己的观点和看法。这样不仅可以提高学生的思维能力和表达能力，还可以加深学生对思想政治理论课内容的理解和掌握。

以校园活动与校外实践基地为例，校园内的演讲比赛、辩论赛等活动可以与校外的企业、社区合作，让学生在实践中锻炼口才和思维能力的同时，了解社会实际需求。例如，学校与当地企业合作举办职业规划演讲比赛，邀请企业管理人员担任评委，学生在准备比赛的过程中，不仅能够提高自己的表达能力，还能了解企业对人才的需求，为自己的未来职业发展做好准备。

此外，校外实践基地为学生提供了真实的社会场景，使学生能够将课堂所学知识应用于实践。地方性实践教学资源丰富多样，为思政课实践教学提供了广阔的空间。以湘西地区为例，该地区拥有悠久的革命历史传统，如湘鄂川黔革命根据地、怀化芷江受降纪念馆等，著名的革命家和党的早期领导人曾在此生活和战斗过。这些地方性的革命斗争传统教学资源，可以与思政课中的新民主主义革命理论等内容紧密结合。教师可以组织学生参观这些革命遗迹，让学生在实地感受中深刻理解革命先辈的奋斗精神和爱国情怀。学校可以与博物馆、纪念馆等合作建立实践教学基地，组织学生参观学习，让学生在历史文化的氛围中感受思想政治理论的深刻内涵。比如，在学习中国近现代史时，组织学生参观当地的革命纪念馆，通过实地参观和讲解员的讲解，学生能够更加深刻地理解中国共产党的奋斗历程和革命精神，增强民族自豪感和爱国情怀。

建立校外实践基地网络是整合实践教学场所资源的重要举措。可以与各类单位合作，构建动态系统教育资源库。例如，与企业合作建立实践基地，让学生了解企业的管理模式和文化，增强学生的实践能力和职业素养；与社区合作建立实践基地，让学生参与社区服务活动，提高学生的社会责任感和奉献精神；与博物馆、纪念馆等合作建立实践基地，让学生在历史文化的氛围中感受思想政治理论的深刻内涵。

在建立校外实践基地网络的过程中，要注重构建动态系统教育资源库。这个资源库可以包括实践基地的基本信息、实践教学项目、指导教师资源、学生实践成果等内容。通过这个资源库，学校可以更好地管理和利用校外实践基地资源，为学生提供更加丰富和优质的实践教学服务。

同时，要加强与校外实践基地的沟通和协作。学校可以定期组织教师和学生到校外实践基地进行参观学习和实践活动，邀请校外实践基地的专家和管理人员到学校进行讲座和指导，共同探讨实践教学的方法和途径，提高实践教学的质量和效果。

2.物力资源与人力资源的协同

物力资源包括财力、教辅设备、实践基地等，人力资源主要包括教师和学生。物力资源与人力资源的协同能够提高实践教学的效果。

在财力方面，学校可以加大对思想政治理论课实践教学的投入，为学生提供更多的实践机会和资源。例如，设立专项经费支持学生开展社会实践活动、购买教学设备等。同时，教师可以引导学生合理利用经费，开展有意义的实践项目。

教辅设备是实践教学的重要支撑，教师和学生要充分利用多媒体设备、在线教学平台等教辅资源，提高教学效率。比如，教师可以利用多媒体课件展示案例、播放视频，让学生更加直观地理解教学内容；学生可以通过在线教学平台进行讨论和交流，拓展学习渠道。

实践基地是物力资源与人力资源协同的重要场所。学校可以与企业、社区等建立长期稳定的合作关系，为学生提供实践基地。教师要根据教学内容和学生特点，合理安排实践教学活动，引导学生在实践中学习和成长。例如，在学习思想政治教育专业课程时，安排学生到社区进行志愿服务活动，让学生在服务社区的过程中，提高自己的社会责任感和实践能力。同时，学生要积极参与实践教学活动，发挥自己的主观能动性，将理论知识与实践相结合，提高自己的综合素质。

总之，为了确保思想政治理论课实践教学资源的整合与利用能够持续有效地进行，需要建立长效机制更加注重跨学科资源整合、新技术应用拓展、国际资源借鉴和长效机制建设等方面，不断探索创新，为思想政治理论课实践教学资源的整合与利用提供更加丰富的理论和实践支持。

四、思想政治理论课实践教学的经费保障与管理

思想政治理论课实践教学至关重要，经费保障是关键环节。思想政治理论课作为高校落实立德树人根本任务的关键课程，实践教学在其中发挥着不可替代的作用。随着时代的发展和教育改革的推进，对思想政治理论课实践教学的要求也越来越高。然而，目前在思想政治理论课实践教学中，经费保障问题成为制约其发展的重要因素之一。通过优化思想政治理论课实践教学经费保障与管理，能够为实践教学的顺利开展提供坚实的保障，提高思想政治理论课的教学质量和效果，培养具有高尚道德品质和社会责任感的新时代人才。

（一）思想政治理论课实践教学经费的来源与支出

1. 实践教学经费的来源

政府拨款对思政课建设起到了关键的推动作用。一方面，政府通过财政拨

款为思政课实践教学提供稳定的资金支持。财政部门应安排专项经费，用于组织开展日常思想政治教育、思想政治课建设等工作，确保高校思想政治理论课教师和辅导员岗位奖励绩效的及时发放，还应督促各地区财政部门落实本区中小学校思政课教师培训经费。另一方面，政府制定相关政策法规，引导和规范思政课实践教学经费的投入和使用。此外，政府还通过制定相关政策法规，引导和规范思政课实践教学经费的投入和使用。例如，中央和地方主流媒体积极推出优秀思政课教师传播理论成果，展示综合素质，增强社会影响力。

学校在经费分担中承担着重要责任。学校应合理安排预算，确保思政课实践教学的经费需求。许多高校按学生人数提取专项经费用于思政课实践教学。例如，中共中央办公厅、国务院办公厅印发《关于深化新时代学校思想政治理论课改革创新的若干意见》规定，本科院校按在校生总数每生每年不低于40元，专科院校按每生每年不低于30元的标准提取专项经费，用于思政课教师的学术交流、实践研修等。各高校积极响应政策，如武夷学院按全日制在校生总数每生不低于40元的标准提取专项经费，列入年度预算，主要用于思想政治理论课教师师资培训、学术交流、课程建设、教学科研平台建设等方面。高校应每年划拨专项经费支持思政课实践教学，成立思政课建设领导小组，设立思政课教改专项。同时，学校可以通过优化资源配置、提高经费使用效率等方式，为思政课实践教学提供更好的经费保障。

社会也在经费分担中发挥着积极作用。企业、社会组织等对思政课实践教学具有一定的支持可能性。一方面，企业在发展过程中越来越重视社会责任的履行，而支持思政课实践教学可以体现企业对教育事业和人才培养的关注。例如，一些大型企业每年会拨出一定的资金用于教育公益项目，思政课实践教学可以成为其中的一个方向。企业可以通过与学校合作，设立专项奖学金、资助实践教学项目等方式，为思政课实践教学提供经费支持。社会组织也是思政课实践教学经费的潜在来源。一些教育基金会、文化机构等社会组织可以通过设立专项基金、举办募捐活动等方式，为思政课实践教学筹集资金。

利用互联网平台进行众筹和募捐是一种具有可行性的经费筹集方式。随着互联网的普及和发展，众筹平台为各种项目的资金筹集提供了便捷的渠道。思政课实践教学可以通过在众筹平台上发布项目信息，吸引社会各界人士的关注和支持。专项募捐也是一种有效的经费筹集方式。学校可以与社会组织合作，举办思政课实践教学专项募捐活动，通过线上线下相结合的方式，广泛动员社会力量参与。专项募捐活动可以提高社会对思政课实践教学的关注度，同时也为经费筹集提供了新的途径。

2.确保实践教学经费合理使用

思想政治理论课实践教学经费应专款专用。学生思想政治理论课社会实践专项经费主要用于学生社会实践，包括组织社会实践，实地考察调研、建设校外实习基地，资料印刷、优秀实践成果汇编成册，奖励优秀成果等。具体表现在如下几个方面。

教师学术交流与研修费用。教师学术交流和研修经费在思政课实践教学经费中占有重要比例。许多高校将这部分经费用于组织和参加各种小型教学、科研交流、学术研讨会等活动，产生的费用包括会务费、差旅费等。同时，还用于聘请校外专家学者的讲座费、差旅费、招待费等。例如，马克思主义学院思想政治理论课专项经费使用办法中明确规定，学术交流费用总计不超过年度经费总额的30%。这些举措为教师提供了与同行交流、学习先进教学理念和方法的机会，有助于提升教师的教学水平和专业素养。

社会实践基地建设费。包括实践基地挂牌、实践基地接洽费用等。

思政课社会实践外出调研部分和学生实践优秀成果奖励费用。学生社会实践经费在思政课实践教学经费中也占据一定比例。其具体用途广泛，主要包括社会实践基地建设费、教师指导费、学生思政课社会实践外出调研、实习的交通费、考察费等。例如，思政课社会实践专项经费管理办法中规定，学生思想政治理论课社会实践专项经费主要用于学生社会实践，包括组织社会实践，实地考察调研、建设校外实习基地，资料印刷、优秀实践成果汇编成册，奖励优秀成果等。具体而言，学生以行政班级为单位，按 5 人为一组，自愿组合；每小组确立一名负责人，自主分工合作，以小组为单位分散外出调研考察，每小组给予 50 元的交通补贴、问卷印刷费等材料费。同时，每班级推荐两项优秀成果，在推荐的优秀成果中精选 8—10 项参加大会交流，决出一、二、三等奖和优秀奖，并给予相应奖励。此外，还包括实践成果汇编、优秀成果评审费以及社会实践交流和宣传费用等。这些经费的投入为学生提供了丰富的社会实践机会，有助于培养学生的实践能力和社会责任感。

指导教师奖励。根据所辅导的学生获奖情况给予相应奖励。

实践成果汇编。将学生社会实践优秀成果汇编成册，包括编辑、印刷费用等。此外，还包括优秀成果评审费等。

社会实践交流和宣传费用。包括会场布置、现场评委和工作人员、展板宣传等费用。

（二）当前经费管理存在的问题及挑战

思政课实践教学经费管理机制在实际运行中存在一些漏洞，对经费的合理使用和实践教学的有效开展带来了一定的挑战。

1.审批流程的烦琐与低效

目前，部分高校思政课实践教学经费的审批流程较为烦琐。从经费申请开始，需要经过多个部门的审批，涉及教学管理部门、财务部门等。每个部门都有自己的审批标准和程序，这导致审批时间过长，影响了经费使用的及时性。例如，部分高校在组织思政课社会实践活动时，由于审批流程烦琐，活动策划方案提交后，经过了近一个月的时间才获得经费批准，错过了最佳的实践时机。此外，烦琐的审批流程还增加了教师和学生的负担，降低了他们参与实践教学的积极性。一些教师为了避免烦琐的审批程序，减少了实践教学活动的申请，这在一定程度上影响了思政课实践教学的质量和效果。

2. 监督机制的缺失

监督机制的缺失也是当前思政课实践教学经费管理面临的一个重要问题。一方面，缺乏对经费使用过程的有效监督。在实际操作中，部分高校对思政课实践教学经费的使用情况缺乏跟踪和监督，导致经费使用不规范、不合理的情况时有发生。例如，有些经费被用于与实践教学无关的项目，或者在经费使用过程中存在浪费现象。另一方面，缺乏对经费使用效果的评估和反馈机制。一些高校在使用思政课实践教学经费后，没有对经费的使用效果进行评估和反馈，无法及时发现问题并进行调整和改进。这不仅影响了经费的使用效益，也不利于今后实践教学活动的开展。例如，部分高校在使用经费建设了思政课实践教学基地后，没有对基地的使用效果进行评估，导致基地利用率不高，浪费了大量的资金和资源。

3. 经费使用效益不高

思政课实践教学经费使用效益不高是当前经费管理面临的重要问题之一，这不仅影响了思政课实践教学的质量和效果，也浪费了有限的教育资源。

资源浪费现象。在思政课实践教学经费使用过程中，资源浪费现象较为普遍。例如，有些高校在组织学生社会实践活动时，缺乏合理的规划和安排，导致交通费用过高。部分学校在安排实践活动地点时，未充分考虑距离和交通便利性，选择了较远的实践基地，增加了不必要的交通开支。还有一些高校在购买实践教学所需的材料和设备时，存在盲目跟风和重复购买的情况。比如，一些学校看到其他高校购买了某种新型教学设备，便不顾自身实际需求也进行采购，结果设备闲置，造成资源浪费。此外，在实践教学活动中，部分教师和学生对资源的节约意识不强，存在浪费纸张、水电等现象。

4. 缺乏绩效评估

缺乏绩效评估对思政课实践教学经费管理产生了诸多不利影响。首先，由于没有明确的绩效评估指标和方法，无法准确衡量经费使用的效果和效益。这使得高校在分配和使用经费时缺乏科学依据，难以判断哪些项目和活动真正值得投入资金。其次，缺乏绩效评估导致经费使用缺乏激励和约束机制。教师和学生在使用经费时可能缺乏积极性和责任感，因为他们不知道自己的工作和成果会如何被评价。同时，对于经费使用不当的情况也难以进行有效的问责和整改。最后，缺乏绩效评估不利于总结经验和改进工作。没有对经费使用效果的评估和反馈，高校就无法及时发现问题和不足，也无法借鉴成功经验，从而难以不断提高经费管理水平和实践教学质量。例如，某高校在使用思政课实践教学经费后，没有进行绩效评估，无法确定哪些活动取得了良好的效果，哪些方面需要改进，导致后续的经费使用依然存在盲目性和低效性。

（三）加强思想政治理论课实践教学经费管理

制定合理的经费管理办法，提高经费使用效率，是保障思政课实践教学顺利开展的关键。

1. 简化审批流程

为了提高思政课实践教学经费审批效率，可以建立一站式审批服务平台。

将涉及经费审批的教学管理部门、财务部门等集中在一个平台上，明确各部门的审批职责和时间节点。例如，可以规定教学管理部门在收到申请后的 3 个工作日内完成对实践教学活动方案的合理性审查，财务部门在接到教学管理部门通过的申请后两个工作日内完成经费预算的审核。同时，对于一些常规性的实践教学活动，可以实行备案制，提前制定好活动标准和经费预算范围，只要符合条件的活动无须经过烦琐的审批流程，直接备案即可开展。此外，还可以利用信息化手段，实现审批流程的在线化，让教师和学生可以随时查询审批进度，减少因信息不透明带来的焦虑和等待时间。

2. 建立严格的审批与监督机制

建立严格的审批与监督机制，确保经费使用的合理性和透明度。在审批环节，应明确审批流程和标准，确保每一笔经费的使用都经过严格的审核。例如，设立专门的经费审批小组，由学校相关部门负责人、思政课教师代表和财务专家组成，对经费申请进行全面评估。对于学术交流、师资培训等活动的经费申请，要审核活动的必要性、可行性和预算合理性。同时，建立公示制度，将经费审批结果在学校内部进行公示，接受师生监督。

在监督机制方面，要加强对经费使用的全过程监督。建立经费使用台账，详细记录每一笔经费的支出情况，包括支出时间、用途、金额等信息。定期对经费使用情况进行审计，发现问题及时整改。例如，每学期对思政课实践教学经费进行一次内部审计，重点检查经费使用是否符合规定、是否存在挪用和浪费等情况。同时，引入外部监督机制，如邀请社会审计机构对经费使用情况进行审计，提高监督的权威性和公正性。

3. 优化经费使用计划与预算编制

优化经费使用计划与预算编制，提高经费预算的科学性和执行效果。在制订经费使用计划时，要充分考虑思政课实践教学的实际需求和发展规划。例如，根据学校的教学计划和思政课教师的培训需求，合理安排学术交流、师资培训、实践教学活动等方面的经费。同时，要预留一定的应急资金，以应对突发情况。

在预算编制方面，要细化预算科目，明确各项经费的具体用途和预算金额。例如，将学术交流费用分为邀请专家学者的讲座费、差旅费、招待费等具体科目，分别确定预算金额。同时，要建立预算调整机制，根据实际情况及时调整预算，确保经费使用的合理性和有效性。例如，在预算执行过程中，如果发现某项活动的实际费用超出预算，要及时进行调整，确保经费使用不超支。

4. 引入绩效评估体系

构建科学合理的绩效评估体系是提高思政课实践教学经费使用效益的关键。绩效评估体系应包括明确的评估指标、方法和流程。在评估指标方面，可以涵盖实践教学活动的参与度、学生的满意度、教学成果的产出等多个维度。例如，学生参与实践教学活动的比例可以作为一个重要指标，反映活动的吸引力和覆盖面。学生对实践教学的满意度调查结果，可以体现教学质量和效果。教学成果的产出可以包括学生在实践过程中撰写的调研报告、论文发表情况、实践创新成果等。评估方法可以采用定量与定性相结合的方式。定量评估可以通过数据统计分析，如参与人数、经费投入产出比等指标进行量化评估。定性评估可以通过专家评审、学生反馈等方式，对实践教学的质量、创新性等进行主观评价。

绩效评估体系的作用主要体现在以下几个方面。首先，为经费分配提供科学依据。通过对不同实践教学项目和活动的绩效评估，可以确定哪些项目具有较高的效益和价值，从而在经费分配上给予优先支持。其次，激励教师和学生积极参与实践教学。明确的绩效评估标准可以让教师和学生知道自己的工作和成果将如何被评价，从而激发他们的积极性和责任感。最后，促进持续改进。绩效评估结果可以及时反馈实践教学中存在的问题和不足，为后续的改进和优化提供方向。同时，对绩效较好的项目给予更多的经费支持，激励教师和学生的积极性，提高经费使用效益。

总之，通过建立严格的审批与监督机制，优化经费使用计划与预算编制，可以提高思政课实践教学经费的使用效率，确保经费使用的合理性和透明度，为思政课实践教学的顺利开展提供有力保障。

第三章

高校思想政治理论课实践教学课程体系建设

　　思想政治理论课是落实立德树人根本任务的关键课程，具有鲜明的理论性与实践性。作为课堂教学的有效延伸和有益补充，思政课实践教学既是推动思政课改革创新的关键环节，也是厚植学生爱国情、砥砺学生强国志的有力抓手，必须抓紧抓实抓好。随着我国高等教育从规模扩张转向内涵式发展，应用型高校的教学改革不断深入推进，思政课实践教学正呈星火燎原之势，成为高校人才培养改革的重要突破口。所谓"大思政课"实践教学，是让学生由"旁观者"变成"参与者"，以思政课理论教学为依托、以丰富多彩的社会生活为舞台、以校内外实践活动为载体、通过学生的身体力行和亲身体悟，将感性认识、理论知识转化为高尚精神追求和良好素质能力的教学组织形式。思政课实践教学以其独特的作用，承载着立德树人的根本任务，成为培养学生品德、树立正确价值观、增强实践能力的关键课程。合理的实践教学课程设置是以学生实践能力培养为中心，建立互相衔接、支撑的实践课程群，课程彼此之间应形成互相联系、互为因果、互相加强的系统化课程教学体系。为此，要引导学生将在课堂上学到的理论知识应用到实际生活中，加深对理论知识的理解和记忆，增强实践能力和创新思维能力，提升学生的综合素质，形成思政课程实践"主课堂"与校园文化实践"小课堂"、社会实践育人"大课堂"、网络实践教学"云课堂"、课程思政实践"新课堂"有机统一、相互促进的协同育人课堂体系，有力提升学校立德树人的达成度、实效性。

一、深化教学改革，提升思政课程实践"主课堂"

习近平总书记强调："要坚持理论性和实践性相统一，用科学理论培养人，重视思政课的实践性，把思政小课堂同社会大课堂结合起来，教育引导学生立鸿鹄志，做奋斗者。"① 学习的目的在于应用，在于指导实践、推动工作，实践教学是推动思政课高质量发展的关键环节和重要举措，高校应致力于推动思政课改革，把"纸上谈"变成"实践行"，以多种方式推动实践教学走实走深，做到学以致用、学用结合、有的放矢，源源不断培养高素质的现代化建设人才。

（一）明确思政课实践教学的逻辑要求

实践是检验真理的唯一标准。理论提供了对客观事物的规律性认识，能够帮助实践者更好地理解和掌握实践的规律和方法；但理论只有在实践中才能得到具体的验证和应用。同时，在实践中发现和学习到的鲜活的现实素材扩充到自己所学的理论中，也会使理论内容更加丰富扎实，从而拉近理论与现实之间的距离。也就是说，思想政治理论课最终唯有付诸于实践，在实践中检验和探索，教育成果才能更加深入人心。思政教育一定要跟现实结合起来，不能照本宣科，也就是说教育一定要与现实相结合，理论联系实际，由学校教育过渡到

① 习近平. 在学校思想政治理论课教师座谈会上的讲话［J］. 求是，2020（22）.

社会教育并将二者相融合，才能培养出全方位、综合素质优秀的人才。在新时代"大思政课"发展趋势下，以实践思政和课程思政协同育人，实践思政对提升新时代高校课程思政的质量和水平，打造全方位立体化的育人环境有着极其重要的意义。可以明确地说，思想政治理论课实践教学的实施，有助于加深学生对思想政治理论课程教学内容的理解，增强对中国特色社会主义理论和党的路线、方针、政策的认识，有助于引导学生客观地、辩证地认识国情、认识社会，学会运用马克思主义立场观点去分析实际问题、解决实际问题，提高认识能力、思辨能力和实践能力。

从理论与实践的统一性而言，思政课的理论教学与实践教学是相互包蕴、内在统一的，思想政治理论课实践教学立足"面向全体、人人参与，分层指导、形式多样，注重实效，良性循环、长效运行"，通过课内实践、课内外衔接等两个层面指导实施。通过丰富的学习、生活和社会实践，使理论回归实践，并在实践中不断加以自我确证，发挥改造世界的现实作用。高校思政课以马克思主义理论为教学内容。实践的观点、生活的观点是马克思主义认识论的基本观点，实践性是马克思主义固有的理论品格，是马克思主义实现哲学革命的逻辑起点。因此，高校思想政治理论课改革创新要坚持理论性和实践性相统一。在讲授思政课时，要充分明确思政课并不是单纯地讲理论，还应该突出强调实践特性和实践精神，始终强调理论与实践的统一，始终坚持与社会现实紧密结合，倡导理论从实践中来，到实践中去，在实践中接受检验，并随实践而不断发展。高校是新时代社会所需人才的重要培育基地，人才培养要更加注重鲜活的时代感和现实感，结合办学特色和人才培养特点，让学生在实践活动中接触客观实际、认识客观实际、感受客观实际，充分理解中国共产党为什么能、马克思主义为什么行、中国特色社会主义为什么好，以实践教学的深入开展为思政课教学提质增效。

（二）深入推进思政课教学方法改革

高校思政课建设要遵循高等教育的基本规律，建构以课程为基本依托的教学体系，积极探索实践教学的课程规定和方式方法，真正从一般性的教学环节变为教学课程。要针对不同专业学生的知识结构、成长特点、行为特征等，采用针对性较强的教学方式，从而实现教学方法和教学目标相一致。大学生正处于世界观、人生观、价值观形成的关键时期，准确掌握大学生的思想状况、心理状况和认知规律，才能使思想政治理论教育更具现实针对性，不断提高教学质量。

1. 丰富授课形式，提升教学质量

一个故事胜过一堆道理。思政课教师具备良好的教学能力，能够以深入浅出的方式将正确的世界观、人生观、价值观传递给学生。同样，具备高教学能力的思政课教师能够运用多种教学方法和手段，使教学内容更加生动、有趣、易于理解，从而提高教学效果。优秀的思政课教学能够培养学生的批判性思维、辩证思维和创新思维。教师通过引导学生对各种社会现象和问题进行分析、讨论，让学生学会从不同角度看待问题，提高学生的思维能力和解决问题的能力。应利用好鲜活生动的现实素材，尤其是大时代下的小人物和小故事，找准切口，把握好与理论知识的衔接点，在把理论知识彻底讲透的基础上，以画龙点睛的方式把其中蕴含的思想讲活。例如，从传奇校长张桂梅笑对人生风雨坎坷，始终坚守在祖国西南边陲的教师岗位上，帮助1800多名女学生实现人生理想的故事，到时代楷模黄文秀研究生毕业后，放弃在大城市工作的机会，毅然回到家乡百色，主动投身扶贫一线的动人事迹；从在荒原上种出全球面积最大的人工林场、创造"绿色奇迹"的三代务林人，到勇攀世界之巅、探源青藏高原地理气候变迁的青藏科考队；为中国高超声速流实验开创出一条独具特色的新途径，在推动中国高校的力学教育方面，作出了突出贡献的俞鸿儒……一个又一个故事勾连起奋斗与收获的深层联系，传递出清晰的价值导向，也成为思政课最生动的现实素材，运用好这些故事，可以进一步培育学生的民族自豪感，使其自觉听党话、跟党走，并将这些美好品质转化为实践自觉。

通过小道理来讲大道理。在生活中，有许许多多微不足道的小事，可是在这些微不足道的小事里，往往可以找到一些大道理。思政课教学亦是如此，推进思政课教学方法，就要善于把全局作为观察和处理问题的出发点和落脚点，将"大道理"分解成"小道理"，从小处着眼聚焦学生思想和生活实际，聚焦理论中那些贴近学生学习生活的细节，引导贴近学生思想、学习和生活实际，通过学生易于接受、符合他们认知规律的方式和手段，最大限度拉近与学生的距离，化解他们在思想上、学习上和生活中的困惑，为时代新人成长提供坚实支撑，从内心深处真正认同教材中的道理。

开展小活动展现大道理。小活动的优势是可以因地制宜，结合课堂上要讲的"道理"随时开展，学生的参与性强，对道理的体验与认知也就更强，通过活动达到不讲而明理的效果。在思政课情境选择上有两个重要原则。一是贴近生活、二是贴近学生。例如，情景剧表演是开展实践教学的重要手段，也能够极大激发学生的参与度和学习热情。学生排练表演情景剧的过程也是一个不断丰富自身、历练成长、增强能力的过程。从抽象的思维到逐步落实变成一部呈现给教师、同学，并让人眼前一亮的情景剧，每一步都是学生对思想政治理论课的理论内核的深度理解与实践的外化表现。高校应探索以更加新颖的形式，更加吸引人的内容，更加创新的思维，提升思政课的授课艺术。

让抽象的道理变得具体、接地气。只有将教师、学生和课堂主题紧密联系在一起，才能让学生感觉到上课是与自身成长息息相关的事情；只有引起学生的兴趣，在具体实践中发现问题、讨论问题，带着课堂中的疑问深入实践，才能更好地解决理论运用到实践的现实问题。让学生将"讲"道理内化为行动上的自觉，高校要全面落实教育部有关在思政课拿出 2 个学分用于实践教学的要求，让学生在实践中能将课程中感到困惑的问题解决，并且确保每一名学生都能参与至少一个实践环节。依据各门课程的教学目标和内容，分别在"马克思主义基本原理""毛泽东思想和中国特色社会主义思想概论""中国近现代史纲要""思想道德与法治""习近平新时代中国特色社会主义思想概论"课打造专属实践项目。为思政课教学改革取得良好效果，并形成了具有推广价值的成功经验。

2. 运用先进科技，丰富教学资源

随着移动互联网的广泛使用和飞速发展，已经深刻地改变了大学生的工作、学习和生活的状况。网络传播速度快，让学生从被动受教育变成主动去接受，正确使用互联网，能够让思政课更有温度，达到启智润心的效果。在人手一部智能手机的时代，很多学校都实现了校园 Wi-Fi 全覆盖。思政课教学要做到与时俱进，思政教师要主动占领思政教育的新高地，深入研究学习网络育人的新路径。将现代化的互联网技术与时事热点问题结合起来的形式，以青年人的话语方式和时尚现代的呈现手段，坚持信息技术与思政课的有机融合，加大线上优质教学资源的开发力度，全面实施线上线下混合式教学改革。在思政课的教学中，依据优质线上资源开展混合式教学，线上教学以基本知识的视频学习为主，线下教学以专题研讨交流为主，逐步实现翻转课堂教学模式。通过高效的网络传输技术，教师和学生之间的互动变得更加直接和即时。无论是课堂提问、作业讨论还是小组合作，都能通过远程互动平台轻松完成，极大地激发了学生的学习兴趣和参与度。借助网络媒体可以厚植学生的思想理论根基，进一步领悟新时代党的理论创新成果的思想伟力，努力增强学生对中国特色社会主义的情感认同、思想认同、理论认同、政治认同。

当前，科学技术的变革推动教育数字化的发展，为办好高校思政课提供了新的契机。2019 年 8 月，中共中央办公厅、国务院办公厅印发的《关于深化新时代学校思想政治理论课改革创新的若干意见》指出，"推动人工智能等现代信息技术在思政课教学中应用，建设一批国家级虚拟仿真思政课体验教学中心"。相较于传统思政课"一本讲义、一支粉笔、一块黑板 +PPT"的"满堂灌"教学方式，利用现代虚拟仿真技术，能够打造具有高度互动性和沉浸感的思政学习环境，形成集平台管理、实践体验、理论教学、案例分享为一体的综合思政研创学习平台，让思政课教学的形式更加多样、生动、活泼。虚拟仿真体验教学以现实世界中鲜活的实践为主线，利用虚拟现实、互联网等技术，依托数字化技术和智能化方式转化为最鲜活的思政课"大教材"。虚拟仿真技术引入思政理论课实践教学中，实现交互式、全景式、沉浸式教学环境，使红色教育更加直观、生动、深刻和震撼。运用 VR、AR 等数字化技术和新媒体技术，学生可以在高度逼真的虚拟场景中，亲身体验历史事件、参观红色景点，从南湖红船到"一带一路"，从精准扶贫到乡村振兴，从小康社会到共同富裕，从大国重器到科技强国……它让原本晦涩抽象、难以捉摸的思政知识，瞬间变得生动鲜活、通俗易懂。学生不再是被动地接受枯燥的理论，而是主动去探索、去感悟，从而让学生更直观地感受思政内容的深刻内涵，增强对思政知识的理解和认同。引导学生正确认识、深刻理解新时代以来取得的伟大成就，拓展深远的历史视野，强化历史认知、坚定历史自信。

3. 突破教室空间，拓展教学边界

陆游诗中说"纸上得来终觉浅"，在思政方面高校培养学生的路径不能仅仅停留在理论层面，还要有一定的实践课，在不同地点以不同形式开展的实践教学衍生出了第一课堂与其他课堂之分。第一课堂即依据教学计划和教学大纲，在规定的教学时间里进行的课堂教学活动，它大多是以理论传授的方式进行教学。其他课堂是第一课堂在空间上的一种延伸，即指传统教室教学以外的课余理论学习、文体活动、科技创新、社会实践、志愿公益活动等的第二课堂。传统的课堂教学模式以教师讲授为主，然而，这一模式往往存在学生参与度低、缺乏实践机会等问题，也难以激发学生的创新思维和个性发展。因此，课堂教学改革是现代教育发展的必然趋势，它可以有效提高教育质量和学习效果。首先，教师要紧紧抓住第一课堂，教学方法上不能拘泥，要放开思路，采用翻转课堂等形式，丰富课堂、提升课堂教学对学生的吸引力，核心目的是要起到对学生的最直观最正面的引领教育。其次，扩充第二课堂。第二课堂既要从其他非思政课堂去渗透，也要从课后时间去挖掘思政元素。在学校举办的主题活动、摄影展、微电影拍摄、读书活动、文化交流展、校园公众号、抖音微视频活动、知识竞赛、演讲比赛、辩论赛、校园歌手大赛等活动中凸显思政课相关理论和价值内核的相关内容。还可以通过交流学习而将第二课堂延伸到校外，实现"引进来"和"走出去"，使学生从中获益，让学生在实践中近距离感知祖国气息、倾听祖国声音，培养大学生与全国人民同频共振的情感，为中国特色社会主义后继事业培养优秀接班人。

立足于各高校所在地红色资源的地域特色，注重把红色资源开发教育贯穿到思想政治理论课全过程，借力红色基因传承激活高校思政课堂。坚持把红色文化融入课堂，将地方红色文化系统地融入思政课课程体系，如通过讲解当地

相关的红色故事、革命历史等，丰富课程内容，增强教学的针对性和实效性。另外，要采用多样化的教学手段，如多媒体教学、案例分析、讨论教学、专题讲授等方式，将地方红色文化以生动具体的形式呈现给学生，激发学生的学习兴趣和主动性。积极挖掘和整理地方红色文化资源，包括革命遗址、纪念馆、博物馆、红色文献等，形成丰富的教学资源库，为课堂教学提供有力支撑。在课上展开多种活动吸引学生积极参与，如红色情景剧本展演是用一种把真实历史进行演绎化处理的形式，将思想政治教育工作与广受学生欢迎的体验式角色扮演相结合的活动，为实现思政课实践教学环节提供一种全新的选择。在媒体运用方面，充分利用新媒体平台是拓展红色文化传播渠道的有效方式，并开展大学生红色文化宣讲，创造"点面结合"式的体验式教学方式，促进学生在教学过程中的自我提高和自我学习能力，以助力高校思政课更好地发挥立德树人的主渠道作用。

（三）加强双师型师资队伍建设

潘懋元教授认为："在各国的教育改革中，课程改革一向是改革的主战场，居于教育事业的核心，是教育的心脏。"[1]如前文所述，受"学科本位"和"教材本位"思想的影响，高校部分教师在教学的过程中，或者是为了完成教学进度，忽略岗课融合，或者是重视理论而轻视实践，未能将理论知识和实践技能有机结合，不够重视学生实践能力的培养，在教学中没有很好平衡理论和实践教学，不利于学生实践能力的发展。也就是说，目前，高校教师实践能力还有待提高，很难为学生的实习、实训提供更多指导[2]。据统计，拥有"双师型"

---

[1] 潘懋元教授学术报告：高等教育转型发展，广西应用型高校建设与发展高峰论坛［J］. http://www.ylu.edu.cn/ht-ml/2016/0608ysyw/14392.html，2016（6）.

[2] 张洁莹. 高职院校教师培训方向的研究及与"双师型"队伍建设结合的分析［J］. 当代教育实践与教学研究，2018（6）：88-89.

教师的院校，学生在实践能力、创新能力和综合素质等方面的表现明显优于其他院校。因此，加强思政课实践教学"双师型"师资队伍建设迫在眉睫。

教育同社会实践相结合符合青少年健康成长的基本规律，利于学生体验式地掌握社会各种价值观念和道德规范，并能现实地推进学生动手操作能力、社会交往能力、解决实际问题的能力以及创造能力的发展[①]。在新时代背景下，思政课实践教学面临着新的挑战和机遇。随着社会的快速发展和科技的不断进步，学生的思想观念和学习方式也发生了深刻变化。传统的思政课教学模式已经难以满足学生的需求，迫切需要加强实践教学，提高学生的参与度和获得感。而"双师型"师资队伍建设是实现思政课实践教学目标的关键。"双师型"教师不仅具备扎实的理论知识，还拥有丰富的实践经验，能够将理论与实践有机结合，为学生提供更具针对性和实效性的教学指导。通过建设"双师型"师资队伍，可以有效提高思政课实践教学的质量和水平，增强学生的实践能力和创新精神。当前，部分高校通过引进具有企业工作经验的专业人才担任思政课实践教学指导教师，取得了良好的效果。这些教师能够将企业的实际案例和管理经验融入教学中，使学生更好地理解理论知识在实践中的应用，提高了学生的学习兴趣和积极性。

面对新质生产力发展需求，高校在坚守"双师型"教师占比底线的基础上，要推进校（企）共建，持续优化师资结构。"双师型"教师内涵丰富，既要有扎实的理论教学能力，又要具备丰富的实践教学经验。一般来说，"双师型"教师需具备教师资格与职业技能资格等要求。教育部印发的《教育部办公厅关于做好职业教育"双师型"教师认定工作的通知》明确了职业教育"双师型"教师认定主要适用于职业学校的专业课教师（含实习指导教师），同时公

---

① 张英彦.论实践教学的理论基础［J］.教育科学，2006（4）：34-36.

共课教师等在符合一定条件下可参照实施。通知指出，"双师型"教师要落实立德树人根本任务，遵循教育规律和技术技能人才成长规律，做到工学结合、知行合一、德技并修。突出对理论教学和实践教学能力的考察，注重教学改革和专业建设实绩，熟悉行业企业情况，具有相应的专业技能，以及行业企业工作经历或实践经验。

思政课"双师型"教师在政治素养等方面有着特殊要求。思政课"双师型"教师要贯彻党的教育方针，热爱职业教育事业，具有良好的思想政治素质和师德素养，自觉践行社会主义核心价值观，弘扬劳模精神、劳动精神、工匠精神，为人师表，关爱学生。要把师德师风作为衡量"双师型"教师能力素质的第一标准，强化对思想政治素质和师德素养的考察，师德考核不合格者在影响期内不得参加"双师型"教师认定，已认定的应予以撤销。思政课"双师型"教师要落实立德树人根本任务，遵循职业教育规律和技术技能人才成长规律，践行产教融合、校企合作，做到工学结合、知行合一、德技并修，将思想政治教育有机融入社会实践、志愿服务、实习实训等活动中，切实提高实践教学实效。

培养"双师型"思政教师是一项长期而艰巨的任务，需要探索多样化的培养模式，以提升思政教师的综合素质和实践能力。

不同的教师具有不同的性格特点，因此应根据教师的性格特点制定个性化的培养方案。对于性格开朗、善于与人沟通的教师，可以安排他们参与校外实践活动的组织和指导工作，如组织学生参观烈士纪念馆、革命遗址等，在与学生和社会各界的互动中提升实践能力。对于性格沉稳、善于思考的教师，可以鼓励他们参与课题研究和教学改革项目，深入挖掘思政课教学中的理论问题和实践难题，为教学提供更有深度的理论支持。

除了校内培养，还应充分利用校外资源丰富培养模式。一方面，可以组织教师到企业、社区等进行挂职锻炼，了解社会实际需求和行业发展动态，积累实践经验。例如，安排思政教师到企业担任文化顾问，参与企业的思想政治工作和员工培训，学习企业的管理经验和创新精神。另一方面，可以与校外机构合作开展培训和交流活动。如与博物馆、纪念馆等合作举办专题讲座和研讨会，邀请专家学者为思政教师讲解历史文化和革命传统，拓宽教师的视野和知识面。同时，还可以利用网络平台开展在线学习和交流活动，打破时间和空间的限制，让教师随时随地进行学习和交流。

在培训中，专业技能与思想政治素养应同步发展。一方面，要注重提升教师的专业技能，包括教学方法的创新、实践活动的组织能力等。例如，可以开展教学技能培训工作坊，邀请教育专家为教师传授先进的教学方法和策略，如案例教学法、项目式学习等，让教师学会如何将理论知识与实际案例相结合，提高教学的实效性。同时，组织教师参加实践教学观摩活动，学习其他优秀教师的实践教学经验，提升自身的实践教学水平。另一方面，要加强教师的思想政治素养培养。通过开展思想政治理论学习研讨会、红色文化体验活动等，让教师深入学习党的理论方针政策，增强政治意识和责任感。例如，组织教师到红色革命圣地进行实地考察，亲身感受革命先辈们的奋斗精神和崇高理想，从而提升自身的思想政治素养。只有技能与思想同步提升，才能培养出真正符合"双师型"要求的思政课教师。

培训体系应随着时代的发展不断更新。随着科技的进步和社会的变革，思政课教学也面临着新的挑战和机遇。因此，培训体系必须紧跟时代步伐，及时调整和更新。首先，要关注教育领域的最新动态和趋势，将先进的教育理念和技术融入培训内容中。例如，随着信息技术的发展，线上教学和混合式教学模式逐渐兴起，培训体系应增加相关内容，让教师掌握在线教学平台的使用方法和混合式教学的设计策略。其次，要根据社会热点问题和学生的需求变化，及时调整培训重点。例如，在当前全球环境问题日益严峻的背景下，思政课教师可以将生态文明建设纳入教学内容，培训体系应提供相关的知识和教学方法培训，帮助教师更好地引导学生树立环保意识。最后，要定期对培训效果进行评估和反馈，根据教师的实际需求和反馈意见，不断改进和完善培训体系。

总之，建设"双师型"师资队伍的工作是一项长期且系统的工作，而建设"双师型"师资队伍、增强"双师型"教师的实践教学能力不仅是社会的发展需要，也是学校招聘教师的根本准则。建设思政课"双师型"教师，通过提高思想政治理论课实践教师的综合能力，实现思政课实践教学的质量跃升，是当下思政课实践教学发展的必由之路。

二、凝练育人主题，建好校园文化实践"小课堂"

大学主要包含三大基本功能：人才培养、科学研究与服务社会。其中人才培养居于核心地位，科学研究是人才培养的重要载体，服务社会则是前两者的延伸[①]。人才培养既包括科学精神的培养，也包含着人文精神的培养。随着高等教育的不断发展，高校校园文化的重要性日益凸显。在新时代背景下，如何充分发挥高校校园文化的思政功能培育作用，成为摆在教育工作者面前的重要课题。据相关数据显示，在高校校园文化思想政治教育功能探析的中期报告中提到，随着高校的迅速发展，校园文化逐渐丰富和多元化，但也存在一些问题，如校园文化过于商业化、浮华和虚假，缺乏深度和思想内涵等。这种现象对于大学生的思想理性和创造力的培养产生了不利的影响。因此，我们需要深

---

① 张陈，崔延强. 现代大学的基本功能［N］. 人民日报，2010-12-31（7）.

入研究高校校园文化的思政功能培育表现，探索创新实践路径，以提高大学生的思想政治素质，为国家培养更多德才兼备的高素质人才。

（一）高校校园文化的思政功能培育表现

校园文化活动丰富多彩，为思政教育提供了生动的载体和有力的渠道。例如，校园文化节涵盖了文艺表演、学术讲座、体育竞赛等多种形式。在文艺表演中，学生通过精彩的歌舞、话剧等节目，展现爱国主义、集体主义等精神风貌，使思政教育更加形象生动。据统计，在某高校的校园文化节中，超过90%的学生表示，通过参与活动对爱国主义有了更深刻的理解。学术讲座邀请专家学者分享前沿知识和先进思想，激发学生的思考和探索，为思政教育注入新的活力。体育竞赛则培养了学生的团队合作精神和竞争意识，促进学生全面发展。这些校园文化活动以其趣味性和参与性，吸引学生积极参与，使思政教育在潜移默化中得到深化。

思政教育以其政治性、实用性和渗透性，为校园文化明确了方向。思政教育通过课堂教学、主题班会等形式，向学生传递正确的世界观、人生观、价值观，为校园文化建设提供了思想基础。例如，每周的青年大学习，引导学生了解中国的历史和政治，明确自己的责任和使命，为校园文化传播带来积极影响。思政教育还通过指导校园文化活动的主题和内容，确保校园文化始终符合社会主义核心价值观。在校园文化建设中，思政教育主导着方向，学校根据人才培养宗旨和党的教育方针，确定校园文化的发展方向。例如，一些高校以思政教育为引领，开展红色文化主题的校园文化活动，传承革命精神，培养学生的爱国情怀。

不论是高校思想政治理论课还是校园文化都是一个"理论与实践结合"的教育过程，高校将校园文化与思政实践相融合就是一种新型的教学方式，通过对教学平台的丰富，让学生在校园文化学习的过程中亲身参与到思政实践过程中，提高理论教学的实效性和可操作性，拉近思政课与学生的距离，让学生切身体验，通过自己的探索去发现，通过自己的发现去领悟，从而增强思政课对学生的吸引力和感染力。

（二）融合校园文化创新高校思政课实践教学的策略

1. 发挥校园物质文化平台的辐射作用

依托学校文化景观丰富校内实践教学载体，精选校园文化资源充实实践教学资源。实践教学资源建设是提升实践教学效果的源头起点。大学校园物质文化主要包括大学校园的自然环境、校园内的各种人造景观、校园内的文化设施、生活设施、各种建筑、各种教学科研设备等。通过整合分类，将它们与思政课理论教学的理想信念教育和社会主义核心价值体系、党史学习教育等教学知识点联系，通过挖掘其中所蕴含的理论教学要素和红色基因能进一步丰富思政课实践教学资源。在建设校园文化平台时，要将其与学生的日常生活联系在一起，使其成为形象具体、触手可及的文化资源，达到"日用而不觉"的目的。比如在校园内可专门建立文化长廊，定期根据不同主题定制不同的内容，展示关于中国共产党精神谱系的相关内容以及四史教育内容等；还可通过在学校教学楼前设置名人雕塑等，感染学生。

2. 发挥校园精神文化平台的辐射作用

高校校园精神文化在学生价值观引导方面起着至关重要的作用。校园精神文化是学校师生员工共同创造和认可的价值观念的体现，它由学校的学风、教风和校风加以体现，是师生共享的价值观念、文化传统、集体舆论、社会心理以及各种认同的文化意识和各种流行的文化思潮的综合体。

首先，在高校校园文化思政功能培育过程中，精神引领功能在学生成长中起着重要作用。主体意识较强、学习能力突出、情感丰富强烈、行为习惯独特的大学生是校园文化主要受众群体，校园文化不是理论上的生搬硬套和填鸭式灌输，而是以专业特色为基石、核心价值导向为传播基础，以校歌、校徽、校史、校训为传播理念，以营造文明和谐美好的校园氛围的媒介为传播方式，这些都涵盖了大学生在成长中的必要品质和精神需要，这些校园文化独有的元素也符合绝大多数学生的情感需求，使得学生在获得知识的过程中能与校园共同成长进步，能够引起学生的认同感和归属感，让学生对所属学校产生价值认同和情感认同，充分展现了校园文化在精神层面的育人功能。高校应充分提炼本校的大学精神内核，通过量身订制校园专属文化内核，并注重设计校徽等加强宣传，以增强大学生对学校历史、文化的认同，从而产生认同感、自豪感和存在感。

其次，思政实践课的教学目标之一是为学生树立正确看待问题的角度，校园文化建设更加贴近高校学生的生活，学生能够在日常生活中明白校园文化的内涵和重要意义，并不需要学校进行特别的课程设计，这样在生活中进行校园文化学习的方式相对比较轻松，也为学生打下了思政实践课程的基础，能够使得思政实践过程变得更加生动。在一些高校，浓厚的学术氛围和严谨的治学态度构成了校园精神文化的重要部分。在这样的环境中，学生会受到潜移默化的影响，更加注重知识的积累和学术的追求，树立起积极向上的学习态度和价值观。在具有良好校园精神文化的高校中，大部分学生会更加努力学习，追求卓越。例如，在国庆节可以展开"我和我的祖国"演讲比赛，让学生以爱国主义为核心发表自己的观点、抒发自己的爱国情感，思政课教师在此过程中对其进行引导，从而使学生树立正确的爱国主义观念。

再次，在规章制度方面，高校必须对各项规章制度不断进行完善和创新，并且可以从学生中选拔代表构建监督团，对学校各项制度的执行进行全面监督。如此不仅可以从中渗透思政教育，更可以通过学生的视角，对高校规章制度存在的问题和不足进行辨析。

最后，在校园文化活动中，无论是自主设计活动方案，还是自主组织活动，协调工作；无论是台上展示才艺，还是台下观摩交流，都是对学习者主体地位的现实确认与践行，体现了"做中学"的真谛。在主体意识的激励下，学习者的学习积极性、主动性才能充分调动起来，进入自主、自为、自励的状态去获得真才实学，提高学生职业素质。

3. 思政课实践教学融合校园文化同步展开

挖掘思政元素，丰富文化形式。教师应重视校园文化中的思政元素挖掘，带领学生利用多元物质载体，丰富校园文化展现形式。例如，可以结合校园建筑、景观设计等物质载体，融入思政元素，打造具有教育意义的校园环境。如在校园的主要道路两旁设置展示革命先烈事迹的宣传栏，让学生在日常行走中就能感受到先辈们的爱国精神和奉献精神。据统计，有超过 75% 的学生表示，这样的校园环境能够激发他们的学习动力和爱国热情。教师还可以带领学生利用新媒体技术，如制作思政主题的短视频、动画等，通过校园网络平台进行传播，丰富校园文化的展现形式。同时，教师可以结合社会热点和思政教育主题，组织学生开展文化创作活动，如撰写思政主题的诗歌、小说、剧本等，以文学艺术的形式传递思政教育的内涵。

发挥学生主观能动性。学生在教育者指导下，应积极参与校园文化建设，充分发挥主观能动性。学生可以主动参与校园文化活动的策划和组织，提出自己的创意和想法，为校园文化建设注入新的活力。例如，学生可以组织开展以思政教育为主题的辩论比赛、演讲比赛等活动，通过自我表达和思想碰撞，加深对思政教育内容的理解。据调查，在学生自主组织的思政主题活动中，有超过 80% 的参与者表示活动对他们的思想观念产生了积极影响。学生还可以利用自己的专业知识和技能，为校园文化建设作出贡献。例如，艺术专业的学生可以参与校园文化景观的设计和创作，计算机专业的学生可以开发校园文化活动的线上平台等。此外，学生应积极接受教育者的指导，发挥个人文化智慧，在创造性转化和创新性发展中丰富校园文化展现形式。例如，在教师的指导下，学生可以对传统的校园文化活动进行创新，融入现代元素和思政教育内容，使其更具吸引力和教育意义。

运用校园社团的力量，塑造理论之力。学生社团是大学生历练自我，进行自我学习、自我成才的重要平台，也是大学生走向社会、实现自我价值的纽带和桥梁。建立马克思主义理论社团，让理论社团在校园文化、校园宣传中发声，让马克思主义理论直接应用于校园文化建设的实践中，启迪学生思想，营造良好的学习氛围和学风。同时，也要加大对马克思主义理论社团内部有创新特色的活动的宣传报道，教育引导更多的学生加入到社团活动中来。只有通过全方位的宣传教育，才能让学生社团建设真正发挥其应有的作用。

以特色文创产品、多样文化活动、文化信息平台、文化实物建筑等为载体，推动教育模式创新。特色文创产品能够赋予校园文化独特的魅力和价值。比如，设计以思政教育为主题的文具、饰品、服装等文创产品，让学生在日常生活中感受到思政教育的存在。多样文化活动可以丰富校园文化的表现形式。如举办思政主题的戏剧节、音乐节、电影节等，让学生在艺术享受中接受思政教育。文化信息平台则为思政教育提供了便捷的传播渠道。利用校园官网、微信公众号、微博等平台，发布思政教育相关的文章、视频、图片等内容，提高思政教育的覆盖面和影响力。文化实物建筑也能发挥重要的教育作用。如建设思政教育主题的雕塑、展览馆、文化长廊等，营造浓厚的思政教育氛围。通过这些创新的文化展现形式，在展现校园文化多元化特征的同时，拉近大学生与校园文化建设之间的距离，从与大学生学习生活密切相关的场景出发，构建校园文化育人场域，搭建文化助推作用实践桥梁，推动教育模式创新实践。

三、聚合优质资源，办好社会实践育人"大课堂"

思政育人的实质在于对人的主观世界进行改造，提升其思想政治品德，从而对客观世界进行改造。社会实践活动能让学生认识社会、认识国家、增长智力、磨炼意志、培养健全个性、提高社会责任感。通过社会实践使当代大学生对我国的基本国情有更感性的认识，并引发深层的理性思考，使他们认识到社会对于知识、技术的需求，自觉地把个人前途同国家、社会、人民的需要结合在一起，培养大学生的责任意识和担当精神。所以，高校思想政治教学离不开社会实践。

（一）建立思想政治理论课社会实践保障制度

实践教学是思政课教学的一个重要环节，社会实践活动则是思政课课堂教学的内容延伸和重要补充。早在2004年国务院印发的相关文件就强调"社会实践是大学生思想政治教育的重要环节""具有不可替代的作用"。2023年《教育部办公厅关于深化高校学生暑期社会实践活动的通知》（教思政厅函〔2023〕8号）强调，各地各高校要把课内课外紧密结合起来，完善课堂教学要求，确保社会实践的学时学分安排，提升学生思想素质和运用所学知识解决实际问题的能力，打造教育教学改革实践模式，助力建设教育强国。2024年共青团中央 教育部印发《关于在新时代新征程高校思政课建设中进一步发挥共青团作用的实施意见》强调，高校团委与党政机关、科研院所、城乡社区等结对共建实践教学阵地，组织学生积极参与社会实践活动，丰富思政课实践教学场景。因此，各高校应高度重视思政课实践教学，必须将实践教学环节纳入教学计划，安排必要的课时，落实到思政教师和每一个学生头上。应积极制定教学大纲和教学计划，明确教学目标和方法，促进思政课实践教学常态化，确保思政课实践教学的质量和成效。

应强调高校党委领导下的协调监管机制的重要性。高校党委对学校工作实行全面领导，在思想政治理论课实践教学中起着关键作用。只有在高校党委的领导下，才能建立起有效的协调监管机制，确保实践教学的顺利进行。结合实际情况，完善政策保障体系需要多方面的努力。首先，要深入贯彻落实中央文件精神和教育部、中宣部等部门的部署安排。同时，管理部门还要结合学校的实际情况，加强本土思想政治教育特色资源的开发、整合与利用。例如，对于一些具有红色文化资源的地区，高校可以组织学生参观革命遗址、爱国主义教育基地等，让学生在实践中感受红色文化的魅力。对于一些具有民族特色的地区，高校可以开展民族文化传承活动，让学生了解和体验民族文化的丰富多彩。实践教学课时量的具体分配需要在思想政治教育实践教学领导管理部门的统筹安排下进行，协调各部门利用重大国家节日、纪念日等为契机分时间段来开展实践教学，完成具体的实践教学内容。例如，可以在国庆节期间组织学生开展爱国主义教育实践活动，在五四青年节组织学生进行理想信念教育实践等。这样既充分利用了特殊时间节点的教育意义，又能确保实践教学的系统性和连贯性。

（二）大学生社会实践建设的实现路径

学校要推动思政课实践教学与社会生活的有效衔接，要主动对接、寻求社会各方面的力量和有效资源，实现思政"小课堂"与社会"大课堂"的有效衔接。为此，需要做好以下工作：一是明确实践主题。社会实践主题要结合社会热点问题、大学生关注的国内外时事政治、学校主题教育活动等，可按照不同内容将社会实践进行明确归类，可分为"红色基因传承实践""优秀传统文化实践""志愿服务活动实践"等选题，结合不同专业培养目标进行内容体系构建和详细策划。可按照不同选题组织思政课骨干教师集体编写社会实践指导手册，学生可以根据每学期不同科目教学内容，在指导教师的帮助下确定选题，并根据指导手册进行社会实践。在同一选题下，教师要规范地执行教学流程，确保实施的体系化，做到规范、严谨，符合教学规律。针对每个学生的实际，其社会实践的内容可依据选题指南和个性发展需求自主确立课题并实施，体现因材施教。二是整合社会资源。高校要充分利用好地方思政教育场所，如红色教育基地、博物馆、工业展览馆、历史展览馆、革命纪念地、经济社会发展的典型地区等，挖掘红色文化资源的育人优势。还可以将思政课堂延伸至街道社区、田间地头等基层一线，让青年学子在社会大课堂中受教育、长才干，不断推动思政"小课堂"与社会"大课堂"的深度融合。三是充实师资队伍。思政课实践教学要想走实走深走好需要学校、政府、社会、家庭等多元主体参与，协同育人。包括各地的政府机关工作人员，高校的党委书记，各地的老党员、老干部、劳动模范、具有独特阅历的各界代表人物、道德模范、大国工匠、红色讲解员、志愿服务队成员、企业优秀员工、科技工作者、优秀辅导员等，站上思政课讲台，充实指导教师队伍。四是善用实践基地。高校要和实践基地搞好联系和合作，积极拓展新型实践基地，广泛开展社会实践，使大学生走出校园，踏入社会这个大课堂。尤其要用好教育部等八部门联合设立首批"大思政课"实践教学基地，也可以积极利用省、市、校、企四方参与的"大思政课"实践教学基地。同时深化勤工助学岗位设置和实践基地建设，使学生在有效融合"扶困""扶智""扶志"各要素的助学岗位得到锻炼,帮助学生建立正确的职业观念,积累工作经验,提升就业能力。五是丰富实践活动形式。领域不够宽、内容不够丰富会极大影响学生对思政课实践活动的参与度和热情。高校要积极开展包括社会调查、生产劳动、志愿服务、公益活动、"红色访谈"小组、党史故事展示、勤工助学、行走的思政课等社会实践活动在内的实践育人的有效载体。六是重视考核评价。高校要将社会实践纳入学生教学管理的工作计划,制定系统的评估标准和量化要求,由思政课教师根据实践成果和社会考评结果共同评定学生社会实践成绩,作为本学期所开课程期末总成绩的重要组成部分。

另外,上好实践教学课,思政课教师不仅要提升理论教学水平,还要熟悉社会实践活动流程,注重听取学生意见,打造符合新时代学生特点的教学方式,设计好实践教学具体环节,带动学生走向社会实践广阔天地,将社会现实同思政课教学结合起来,思政"小课堂"和社会"大课堂"相结合,创新思政课实践教学方式。

四、借力数字赋能,用好网络实践教学"云课堂"

大学生是受互联网影响最大的群体之一,被称为"数字土著"一代[①]。当代大学生的生活环境、学习方式和思维模式已经发生了翻天覆地的变化,智能手机、平板电脑、手提电脑等已经成为大学生的日常标配。近年来,"互联网+"引起了教育模式和教育信息化巨大的变革,使得教育技术与教学实践深度融合,改变了教学特定的时间、空间的限制,使学生可以随时随地进行自主学

---

① 陈婷.《互联网+教育"背景下智慧课堂教学模式设计与应用研究[D].徐州:江苏师范大学,2017.

习，同时也为思想政治教育工作破解难题、提质增效创造了有利条件。因此，思想政治教学的信息化建设，不仅是新时代背景下思政教学的全新发展方向，也是提高思政教学质量的重要途径。

（一）有效整合教学资源

在当今时代，"互联网＋"为思政教学资源的有效整合带来了新的机遇。"互联网＋"使得思政教学资源不再局限于传统的教材和讲义。多媒体资源如图片、音频、视频等的广泛应用，能够更加生动地呈现思政教学内容，提高学生的学习兴趣和参与度。在互联网上，各种热点信息、新闻事件层出不穷，特别是现代信息技术的发展，大数据、人工智能等新兴技术的助推，对思政课的实践教学来说，互联网平台不再只是简单的信息贮藏间，而是一个极为丰富的实践教学资源宝库。通过互联网，思政教学可以获取来自全球各地的教学资源，包括学术论文、研究报告、新闻资讯、视频讲座等。这些资源涵盖了不同的观点、视角和文化背景，能够为学生提供更广阔的学习视野。在线教育平台、学术数据库等资源库的不断丰富，为思政教师提供了更多的教学素材选择，有助于丰富教学内容。虚拟仿真技术可以为学生创造身临其境的学习体验，例如，模拟历史事件、社会实践场景等，增强学生对思政理论的理解和感悟。互联网打破了时空限制，教师和学生可以通过在线平台轻松共享教学资源。此外，在线学习平台的应用也极大地促进了教学效果的提升。通过在线学习平台，学生可以在课后自主学习、巩固课堂所学知识。即使在课下，学生也能够利用线上平台进行资源贡献、线上互动、作业提交、资源上传等，使得学生与教师、同学之间的互动交流更加便捷，进一步提升学习效果。在具体的实践教学中，思政课教师最大限度地发掘网络的积极作用，利用海量的互联网资源，实现互联网信息资源向思政课实践教学资源的转换，学校和教育机构可以搭建专门的思政教学资源整合平台，将各类优质的教学资源进行分类整理和存储。平台可以包括教材库、课件库、案例库、视频库等，方便教师和学生快速查找和使用，并最大限度地发挥其作用，这是互联网为思政课实践教学改革提供的新机遇之一。资源整合平台应具备良好的用户界面和搜索功能，确保用户能够便捷地找到所需资源。同时，平台还可以设置评价和反馈机制，让用户对资源的质量进行评价，为资源的不断优化提供依据。

随着"互联网+"技术的发展，越来越多的学生把 MOOC、SPOC 平台作为获取知识的重要渠道，线上或线上线下混合教学模式将会受到更多教师的青睐[①]。思政课教师进行慕课教学，可以突破以往的实践教学模式，通过录制思政课教学相关的知识拓展视频，在线上平台进行发布，帮助学生课前自主学习，使思政课教学在时间上更为宽泛自由、空间上更为便捷开阔。网络环境中教师可以巧妙结合各类图片、视频和网页链接，为学生展现实践教学内容，赋予实践教学以趣味性与生动性。教师基于虚拟环境鼓励学生发表具有建设性的建议，凸显学生为主体的新时代大思政课教学特点，用学生更喜闻乐见的形式，让思政课入脑入心。总之，"互联网+"为思政实践教学资源的有效整合提供了广阔的空间和机遇。通过建立资源整合平台、加强教师培训、引导学生自主学习和与社会资源合作等策略，可以充分发挥互联网的优势，整合丰富的思政教学资源，提高思政教学的质量和效果。

（二）创新实践教学模式

在思政课实践教学环节的布设上，教师应该突出可行性与趣味性原则。针对可行性，教师借助互联网开展实践教学活动，由于教学效果受到多个因素制

---

①满田囡，沙桂英，王赫男，等.材料力学性能课程混合式教学［J］.中国冶金教育，2020（5）：1-4.

约与影响，包含教学设备的完整性、学生拥有电子技术的完整性等，所以教师要围绕可行性健全网络实践教学体系[①]。建设思政课实践教学平台，更新思政课实践教学的思想与内容以及方式，形成线上线下和可上可下全过程育人的教学模式。首先是搭建课内实践平台，对课程教材也要精心设计，让课程更加贴近学生的思想、学习和生活实际，通过互动教学法、小组讨论法、情景演绎法等，利用多种新技术教学手段，鼓励学生参与课堂互动。创设思政课校园问卷调查框架，建设红色主题剧本增加红色文化元素，把反映新时代以来取得的伟大成就等案例引入思政课堂，拓宽思政教育情境创设的范围，鼓励学生自主编创微视频和舞台剧，致力于学生实践能力的培养，将所形成的每一项实践成果上传线上平台，实现资源共建共学共享，保障学生可以实现"做中学"与"学中做"。其次创设院校内部的实践平台，结合校园内部现有资源，通过专题的模式带动思政课程实践教学进展，可以利用 VR 技术形成校园内部资源全景展示，组织学生参观线上图书馆，设置校园内具有可行性的体验活动；带领学生进行校园文化建设展览长廊全景漫游，实施与五门思政课相关的实践活动；在院校内部进行模拟法庭活动和主题辩论赛，开展法治普及讲座；利用校内众创空间，请优秀毕业生进行线上经验分享，丰富关于就业创业的教学实践；通过思政实践教学设置以马克思主义思想为主的线上研习活动；上线数字校史馆云展厅，组织学生参观校史馆，开展"改革开放，改变你我"等微视频制作比赛。

形成虚拟化的网络实践平台。高校在思政课实践教学中，可以把虚拟化的网络场景视作实践教学辅助形式，加大智慧教育资源投入，数字化赋能实训基

---

① 陶帆，王丽芳.互联网思维下的高校思想政治理论课实践教学改革探究［J］.课程教育研究，2018（21）：16.

地建设，丰富数字育人资源，如中国特色社会主义体系概论、法律形势与政策及思想道德修养等；理论园地，如经典文献与理论研究等[①]；国内外时事政治，如从思想政治的角度多维解读；教学管理，如畅通信息流转强化教学管理等；模拟训练和在线作业分享系统以及虚拟实践，如积极利用网络工具，绘制思维导图，作业评价"弹幕化"。与此同时设置思政课实践教学网络化游戏，把教学内容贯彻在游戏的多个关卡中，通过展示正面典范来提高大学生的思想政治素质。例如，在游戏中，学生可以扮演正面典范的角色，以其核心精神为指导，通过完成各种积极向上任务来积累经验和奖励，这些任务以真实的社会场景为背景，从而培养出积极向上的社会意识和责任意识。另外可以设计高校学生思政课手机移动 App，把功能设置和思政课实践内容以及校园生活紧密相连，高校学生借助手机随时查找进行实践教学活动。

思政课教师可以利用实践教学平台和虚拟仿真实践教学资源，按照体验式"互联网＋实践教学"要求，根据实际情况开展远程红色旅游、远程展馆云游、理论视频制作、实践活动模拟，其中实践活动模拟包括虚拟情境、虚拟实习、虚拟游戏等系列活动，并结合实际进行更新添加，做到既结合课程教学内容，又贴近学生生活实际，让学生能够在实践教学中，实现学有所得、学有所获。为保证实践教学活动有序开展并取得实效，需要坚持规范化建设，详细制定实践教学规章制度、精心设计实验教学方案、科学组织管理方案实施等，形成健全的体制机制[②]。用"大思政课"的理念来拓展全面育人新格局，把思政"小课堂"和社会"大课堂"结合起来，思政课就有了取之不尽的鲜活素材。

① 苏立.以提升亲和力为导向的高职思政课教学创新与实践［J］.中国多媒体与网络教学学报（中旬刊），2019（4）：67–69.

② 秦慧婷，高奇.高职思政课实践教学的保障机制探析［J］.河南社会科学，2020，28（8）：113–118.

（三）把准内容建设关卡

现代网络技术和通信技术的迅猛发展为高校思想政治理论课实践教学网络化提供了机遇和空间，同时也带来了挑战和不可避免的缺陷。

首先，确保网络教学内容的准确性和科学性。如何在海量的网络资源中正确地选择和开发出一套科学、实用的网络教学计划，是每位思政课教师都面临的挑战。网络具有无序性和不可控性，各种信息纷繁复杂、真假难辨，容易引起当代大学生价值观多元化，使一些大学生出现不健康的网络行为。各高校要在利用互联网资源建设中更加重视对价值观念的塑造和引导，并积极引入监管机制，加强游戏内容的审批和监督。各高校可以充分发挥校园网的巨大优势，形成汇集一系列教务管理系统、图书馆、精品课教学资源的教学资源平台，把理论课教学资源分享到网上，根据学生的专业特点、网络喜好、兴趣点和迷惑点，选择与思政课内容高度契合的正能量案例和视频，运用风趣幽默而又贴近学生生活的语言，将课堂教学内容和线上内容有效融合起来。打造创新的网络思政教育高地，抢占意识形态制高点，为网络育人净化空间打下基础。

其次，避免内容同质化、方式单一化。五门思政课之间虽然存在着千丝万缕的联系，但是在内容上确是各有特色、各有侧重的，不能将五门课的教学方式混为一谈。教师应该合理分析这五门课的内容体系和逻辑关系，在充分理解知识体系的前提下，充分利用互联网的海量资源，进行进一步的研究分析。学会运用大数据中的整体思维，避免思想的片面化、简单化，通过灵活创新的授课形式，帮助引导学生解决或者解答他们所关心的热点课题、思想问题，切实增强影响力、感染力、说服力，更好地发挥实践教学对大学生的价值引领和精神塑造功能，真正地促进知行统一，培养认识自知、实践自觉的新时代社会主义接班人。

（四）注重及时反馈评价

及时反馈评价可以让学生迅速了解自己在实践过程中的优点和不足，从而有针对性地进行调整和改进。这有助于学生在学习过程中不断纠正错误、巩固知识，提高学习效果。当学生在互联网实践教学中能够及时获得反馈评价时，他们会感受到自己的努力和付出得到了关注。这种关注能够激发学生的学习动力，让他们更加积极地投入到后续的学习和实践中。要充分利用网络的反馈及时、管理方便等优良特性，注重课堂教学过程中的及时反馈和评价，从中发现问题，及时调整教与学的方法策略，有效地监控、管理学习过程，提高学习效率，增强学习的控制度。而且能够更客观公正地检测、衡量师生"教"与"学"的实绩和质量，督促和鼓励师生调整"教"与"学"的理念与方式，最大限度地调动师生参与实践教学的积极性、主动性和创造性。依据评价的结果，师生之间也可以互相学习、互相进步。

总之，互联网实践教学中注重及时反馈评价是提高教学质量、促进学生学习的重要手段。通过利用在线学习平台、互动式教学工具和实施定期的在线辅导答疑等方法，可以实现及时反馈评价。同时，反馈评价的内容应该具体、有针对性，形式可以多样化。只有这样，才能更好地发挥互联网实践教学的优势，提高学生的学习效果和综合素质，从而在真正意义上提高思政课实践教学的实效性和稳定性。

第四章

高校思想政治理论课实践教学基地建设

高校思想政治理论课承担着对大学生进行系统的马克思主义理论教育的任务，是对大学生进行思想政治教育的主渠道和主阵地。在核心素养导向的课程变革中，实践教学成为高校思想政治理论课教学的一个重要环节，在增强大学生思想政治教育效果的过程中，发挥着极其重要的作用。实践教学既是教学方法改革的重要内容，也与理论课教学形成互补①。思政课实践教学基地建设是新时代人才培养的重要组成部分，对于提高学生的思想政治素质和综合素质具有重要意义。

理论学习固然重要，但实践更是检验真理的唯一标准。思政课实践教学与社会实践相结合，通过开展各种社会实践活动，如志愿服务、社会实践基地的参观学习等，让学生亲身体验社会生活，了解国情民情。其中，思想政治理论课校内实践教学基地是学术性知识与体验性知识、理论与实践、显性教育与隐

---

① 吴晶 .70 余所高校共同探讨思想政治理论课实践教学［EB/OL］.（2011–12–22）［2012–11–26］.http：// news.ustb.edu.cn/.

性教育的有机结合①。校外实践教学基地具有更丰富的资源，可为学生提供更广阔的参与空间和锻炼机会，是最具有普遍性和代表性的实践教学基地。

《国家中长期教育改革和发展规划纲要（2010—2020年）》明确指出，要"坚持教育教学与生产劳动、社会实践相结合。开发实践课程和活动课程，增强学生科学实验、生产实习和技能实训的成效"②。2022年8月，教育部等部门印发了《全面推进"大思政课"建设的工作方案》，提出要"建好用好实践教学基地，充分发挥教育部高校思政课教师研学基地的实践教学功能"的重要举措。随后，教育部会同有关部门联合设立了首批453家"大思政课"实践教学基地。

一、实践教学基地对构建高质量思政文化育人的作用

就文化育人而言，以往的思政文化育人环境大多是在思政小课堂进行，主要是思政课教师通过理论讲授的方式对学生进行思想教化，辅之以简单的实践活动，让学生在潜移默化中感悟思想的力量。但这种形式的思政文化育人难以取得优质的效果，无法从根本上激发学生的思政文化意识和思政文化情感认同，因此也难以取得理想的教学效果。

"大思政课"实践教学基地是由教育部联合有关部门和社会各界设立的思政教学实践基地，包含与科技局、工业和信息化主管部门、生态环境局、卫生健康委、文物局、乡村振兴局等着力打造的拓展立德树人新场域，是服务"大思政课"实践教学的优质服务平台，对于增强思政课的思想性、理论性和亲和

---

① 袁溧.高职院校思想政治理论课校内实践教学基地的建设［J］.宿州学院学报，2011（11）：32.
② 国家中长期教育改革和发展规划纲要（2010—2020年）［EB/OL］.［2016-12-10］.http//www.moe.edu.cn/publicfiles/business/htmlfiles/moe/moe_838/201008/93704.html.

力、针对性起到提质增效的作用，对于构建高质量思政文化育人具有独特价值功能。

（一）有助于加深大学生对理论知识和社会现实联系的认识

思政课实践教学基地为培养堪当大任的时代新人提供了坚实的平台。思想政治理论课实践基地是课堂理论教学和社会生活实际相结合的最好的实践场所，是大学生走出课堂、走向社会的平台。开发与建设高校思想政治理论课实践教学基地，提高学生实践能力，促进"产、学、研"结合，是提高思想政治理论课教学效果的重要途径，有助于充分发挥思想政治理论课实践教学的育人功能，把课堂所学的理论知识与社会现实联系起来，深入实际，接触社会，这种教学方式可以帮助学生更好地发现问题，引导学生抓住问题的本质，通过深度分析，最终依靠学生的力量解决问题，这可以全面提高学生的实践能力[①]，同时对推动高校思想政治理论课在"改进中加强"、改变"重理论轻实践"、增强思想政治理论课的吸引力、感染力、亲和力等具有重要作用。

实践教学在一定程度上是对理论课堂的补充和延伸，通过实践教学，学生能够在实践中发现自身的不足，在解决问题时衡量自身理论学习的程度。实践教学基地则为学生提供了一个认识社会、发现问题的空间，从而在理论与实践的结合中培养学生的批判性思维能力。实践教学基地的建设为思想政治理论课实践教学提供稳定的活动场所，搭建课堂教学与实践教学联系的载体和平台。通过这个载体和平台，可以一定程度上解决课堂理论教学解决不了的问题，直接建构起大学生思政认知的生动情境，以情境拉动大学生深入地去体验和感悟，情境相互交融，思政课堂上和思政教材中所不能够反映出来的深厚思政意

---

① 贾聪聪，刘琪."大思政课"视域下高校思政课实践教学创新路径探究［J］.湖北开放职业学院学报，2024，37（2）：26-27，33.

蕴，自然而然地就呈现在大学生的面前，深入他们的内心深处，进而形成一种驱动力量，驱使大学生愿意立足社会热点和社会问题探究深层次的思政教育，可以使思想政治理论课教学更生动、鲜活和具体化。同时激发大学生学习理论的积极性与主动性，提高思想政治理论课的教学效果。在思政课实践教学基地进行实践，学生能够利用平台的优质资源，在实践中锻炼自己的素质和能力，并通过总结将经验进行转化，能为学生的长期发展打下好的基础。通过把感性认知转化为理性思考，可以使学生以更加坚定的意志和更为进取的勇气去克服面对的困难和挑战，积极找寻解决问题的方法，并通过不断尝试形成永不言弃的美好品质。

实践教学基地通过整合社会力量和资源，构建"大课堂"、搭建"大平台"、培养"大师资"，不仅能够提升思政课的"理论意蕴"，也能够解决传统思政课的局限性和不足，提升思政课的教学实效。并且，实践教学基地的建设确实能增强思想政治理论课教学的趣味性、吸引力和教学效果。学生在实践教学基地更好地探索问题的发生及根源，更好地锻炼和提高他们的实践能力，在实践中学习，在实践中进步。在实践过程中，学生必须用知识解决问题，也要学会与他人进行协作沟通，这能培育学生的合作精神和领导力，也能为学生在未来的职业生涯中实现个人价值、社会价值提供有力保障。

思政文化育人主要通过马克思主义和中华优秀文化对学生进行思想政治价值观和意识形态各方面的综合教育。基地通过丰富多样的实践活动，如参观革命遗址、参与志愿服务等，让学生在亲身体验中深刻领会革命先辈的奋斗精神和奉献精神，培养学生的责任感和使命感。例如，以爱国主义为核心的思政实践教学基地能够让学生在真实的历史文化场景中真切感受革命文化的精神内蕴，在丰富多彩、趣味横生的实践活动中主动联系课内所学知识，并在接受直观历史洗礼的情况下，更加重视历史、面对现实，继承和弘扬中华民族优秀传统，培育学生的忠于国家、为国奉献，维护国家统一、促进民族团结，维护国家安全、荣誉和利益的爱国主义精神，进一步将理论与实践相结合的思政理念内化于心、外化于行，增强实践教学的效果。

实践教学基地能够有针对性地对课堂理论知识进行实践拓展，以延伸、丰富思想政治理论课课堂理论教学内容，使大学生参与到社会生活中，自然而然地将自己所学的理论知识转化为指导实践活动的重要原则和方法，促进社会主义核心价值观的内化于心、外化于行。例如，工作实习基地能够借助优秀企业实践平台，迈出象牙塔，走入真实的职场，让学生在实习工作中、在学习优秀员工和劳动模范的美好品质中增强职业教育效果，从中感悟职业道德的标准和劳动精神，感受工作的压力和动力，在竞争中与伙伴携手共进，同时助力学生确立服务社会、服务人民的理念。例如，在培养理想信念相关的实践教学基地，可以利用线上技术邀请与学生专业相关的优秀人才或优秀校友，跟学生进行视频对话和访谈，通过对话与交流解决学生对于自身价值认同和专业认同的问题，让学生感受到身边真实存在的鲜活榜样力量，从中汲取正能量。再例如，去乡村实践教学基地进行社会考察和实地调研，学生能够近距离接触"三农"问题，深入农村基层，了解农村现状，针对农村经济转型、乡村振兴开展规划，探讨新农村建设思路创新，利用微信视频号、抖音、快手、小红书等短视频和新媒体平台，策划宣传活动，发挥专业优势，用青春和汗水书写乡村振兴的新篇章。

（二）有助于促进大学生知行统一

知行统一是一种重要的教育理念和成长方式，对大学生的成长具有不可替代的重要性。它强调知识与实践的紧密结合，通过将所学知识应用于实践，同时在实践中不断深化和拓展知识，实现个人能力的全面提升。实践教学基地在促进大学生知行统一方面发挥着重要作用。

理论必须在实践中才能彰显光芒，正所谓学以致用、用以促学，学用相长、知行合一。真知是行动的开始，行动是真知的必然，开设思想政治理论课，最终目的就是使学生能够将所学的思政课理论知识与基本要求落实到思想和行动上，并通过实践活动来检验和深化思想道德认识，进一步锻炼学生的品德意志。在实践教学基地中，学生可以通过模拟对社会环境进行深刻感知，这种课堂的打造与体验式教学有着相似处。学生需要通过已掌握的知识解决实际问题，并以实践的方式对理论的正确性进行检验。在实践中，学生能够对知识的内涵与价值有更深入地理解，也可以使学生的学习目标与方向更明确。通过实践教学基地的建设，能够以实践为基础发展学生的综合素质①。

新时代青年学生物质丰盈、拥有更加广阔的精神成长空间，但同样成长在一个信息爆炸、多元文化交融的时代，所以部分青年学生追求即时的满足和当下的快乐，缺乏求知热情和吃苦耐劳精神，因此在大学生的思想政治教育中贯彻知行合一具有重要的时代意义。正是由于高校的思想政治具有这样的社会意义，因此高校思想政治教育必须找出一条能够符合当代大学生心理和认知特点的有效教育途径，让大学生将他们认为枯燥无味的思想政治理论知识运用到解决实际问题当中，体会到思想政治理论的价值和意义②。要想在高校思政教育教学实践中应用"知行合一"，在对学生进行思想政治教学的过程中，不但要在课堂中向学生传授思想政治理念，还应鼓励学生积极参与到社会实践活动

① 侯晓，黄宁宇. 基于校企协作的高校课程思政人才培养实践基地建设研究［J］. 大众文艺，2023（16）：169-171.
② 卢晶晶. "知行合一"思想对大学生思想政治教育的启示［J］. 新西部，2018（20）：127-128.

中，通过教学做一体化，深入推进学校思想政治教育理论课的教学改革，使学生对思政教育有更加深入的理解。

知行合一将思政教育与道德素质培养、技术技能教育、创新创业教育等有机结合，将学科内容与社会实践活动相结合，着重培养学生的自主学习能力、认识能力及其应用技巧。"大思政课"实践教学基地的设计依据了教学规律，充分发挥学生的主体性，通过理论学习的感性认知到实践教学活动的实际体验，内化、吸收，使课堂教学的理论内容形象化再现，再把实践中发现的问题疑点带回课堂进行理论思考和探讨，提高学生运用理论分析问题和解决问题的能力，实现理论和实践的紧密结合，挖掘学生内在学习潜力，促进大学生实现由"知"到"行"的转变，增强大学生的学习自我驱动力和积极性，促进知行统一。另外，通过实践教学活动的开展，学生也会进一步明确当今社会需要什么，自己有哪些不足，从而提升自我认知能力、社会责任感和实践能力，为促进理论与实践相结合打好基础。

实践教学基地作为高校思想政治理论课教学的主要场所和重要环节，是促进大学生知行统一的有效途径。例如，学生在完成"中国近现代史纲要"和"毛泽东思想和中国特色社会主义理论体系概论"课程理论教学任务后，由思想政治理论课教师结合学生和学科特点，发挥专业优势，拟定实践题目，指导学生利用寒暑假，深入城镇、乡村、企事业单位等实践教学基地开展社会调查、参观考察，并撰写调查报告。学生以小组为单位合作完成任务，把课堂中的重要理论知识与社会实践紧密结合，学生通过实地调研、人物访谈等形式开展实践活动，不断增进对伟大祖国、中华民族、中华文化、中国共产党、中国特色社会主义的高度认同，不断铸牢中华民族共同体意识，不断推进中华民族共同体建设，不断建设中华民族现代文明，为实现中华民族伟大复兴贡献青春力量。并且学生在主动参与、协作探究、自理自立和动手动脑中展现自我、砥砺品行、磨炼意志，学到了课本上学不到的知识和技能，获得了从未有过的人生体验。而在开设"思想道德与法治"课时，针对职业道德构建，我们可以以专业特色为载体进行职业道德教学，在真实的工作环境中，通过创设工作内容、开展主题探究和进行活动体验的方式，形成"以思政项目解读职业道德"实践路径，将抽象的职业道德知识与现实世界的鲜活案例和实践相结合，将职业道德教学与学生的实际职场生活和需求相结合，通过增强学生的体验感，激发学生的探究兴趣，循序渐进地引导学生在实践中认同专业、认知职业道德、践行职业道德规范，实现知行统一，并在践行正确价值观的过程中逐渐形成行动的自觉。

（三）有助于培养大学生创新能力

实践是创新的基础，也是创新的保障。近年来，党和国家高度重视思想政治理论课的实践教学，强调培养大学生的创新能力和实践能力。实践教学是高校思想政治理论教学的重要部分，就是通过实践活动，使学生加深理解、吸收、消化、巩固所学的思想政治理论，更加自如地运用理论的视角来观察世界，分析问题，解决思想困惑①。从思维方面来看，创新思维是创新能力的核心要素之一。创新思维包括发散思维、聚合思维、逆向思维等多种形式。发散思维能够让大学生从不同的角度去思考问题，产生更多的创意和想法。例如，在思政实践教学中，组织学生进行小组讨论，鼓励学生从不同的立场和观点出发，对社会热点问题进行分析，培养学生的发散思维能力。聚合思维则有助于学生将众多的创意和想法进行整合和优化，形成切实可行的创新方案。逆向思

---

① 卢黎歌.试论高校思想政治理论课教材体系向教学体系的转化［J］.教学与研究，2009（11）：91.

维则可以让学生突破传统的思维模式，寻找新的解决问题的方法。为提高学生的创造性思维能力，首先就要为学生营造一个有利于创造性发挥的环境。而实践教学基地则是引导大学生参加社会实践，培养大学生创新能力和实践能力的舞台。它对于增强学生的社会体验和对社会的了解，增强社会责任感，巩固专业知识，提高创新能力和实践能力具有重要作用。

在思考问题的解决方式上，大学生由于已经具备了较为丰富的知识，也形成了自己的兴趣爱好，并尝试从多角度思考问题。在思政课实践教学基地开展实践教学活动以学生为主，一切实践活动由学生组织、管理和推动，而思政教师只起引导作用，学生的主人翁意识就会增强，就会主动地参与到实践教育活动中，在整个实践过程中，学生会根据教师提供的实践教学主题，自觉联系对应的理论知识内容，进行具体活动方案的制定，与组内成员进行协调沟通的过程也是思维方式的碰撞，大家从不同角度出发提供发现问题、解决问题的新视角，并从他人的视角中发现自身的思维盲区，这本身就是一个创新的过程。

在思想政治理论课教学过程中，根据课程内容特点，制定社会调查方案，组织学生到教学基地开展社会调查，拓宽认识视野，培养其认识社会和分析、解决问题的能力。例如，学生参加乡村振兴主题实践活动，应在整个活动中，着重培养大学生投身乡村振兴实践的能力，应引导他们主动作为，与当地村民积极沟通，发现乡村振兴中存在的问题，提供可供参考的可行性方案，致力于将所学专业与乡村振兴相连接，打通理论知识与解决问题的实践通道，成为乡村振兴发展的建设者。大学生是否能成为中国特色社会主义的建设者和接班人，除了掌握扎实的理论内容，更重要的是能否融入社会，也就是是否具备良好的交往能力。调查研究作为大学生实践活动的重要途径对于考察大学生的协调沟通交往能力具有重要作用。它能够加深学生对于社会发展情况的认识和理解，考察学生在整个活动中的表达能力和系统性思维，对于拓宽学生思维边界、打破学生思维定式具有重要影响。

随着素质教育的不断深入，劳动教育成为培养学生德智体美劳全面发展的关键环节。让学生到思政课实践教学基地参加生产劳动、体验社会生活，提升实践技能，能够培养其全面发展的能力和综合素质。例如，根据专业特色安排和高校所在地的生产活动特色需要，在特定的纪念活动或节日期间，学校派学生到实践基地在工作人员的指导下参与生产劳动，既为基地的有关活动提供了相应的志愿服务和智力支持，同时又让学生通过亲身体验、切实参与感受生产劳动的乐趣与价值，在劳动的实践中有所启示，创新生产劳动模式，提高生产效率，并在生产劳动中学会团队协作，增强集体荣誉感。

让学生提交实践活动的成果产出，即将实践活动形成文字报告、论文成果等，能够培养其创新意识与能力。例如，可以利用思政课的实践教学环节组织学生对实践活动内容开展主题讨论活动，随后进行社会实践并撰写社会实践报告。学生通过在实践教学基地的学习、考察、锻炼，在"做""考察""实验"中解决问题，体验和感受生活。在实践基地展开的各类实践活动，比如组织学生到科技创新企业参观，了解企业的创新理念和技术，激发学生的创新热情；或者组织学生到贫困地区考察，让学生了解当地的实际困难和需求，激发他们运用思政知识和创新思维解决问题的动力。在合作探究的过程中，学生需要对问题进行深入分析和思考，提出自己的观点和解决方案，并对其他小组的方案进行批判性评价。通过这个过程，学生可以培养自己的批判性思维和问题解决能力，提高自己的创新意识和实践能力。社会实践结束后，学生认真撰写总结报告，及时总结经验，并将自己的实践经历与课堂理论相结合，教师可以组织学生进行实践心得交流报告会，将社会实践成果进行交流，在相互讨论过程中观点交互、思想碰撞，进而产生思想火花。由此产生的思想碰撞会带来解决问题的新方法，大学生也会在思考和交流过程中得以成长。

另外，教育是一个师生共同学习、共同进步的过程，通过实践教学活动，及时与学生沟通互动，可以发现自身在教学活动中存在的不足，有利于教师改进教学方式方法，推进教学改革，提升自身教学能力。实践基地的建设还能够给教师提供科研与实践的平台，思想政治理论课教师还可以根据自己的科研方向选择与实践教学基地的契合点，在实践教学中推进自己的科研，提高自身在实践教学中的实践能力和学术科研水平，有利于整体思政课教师队伍的发展。

二、思想政治理论课实践教学基地建设遇到的问题

近年来，思想政治理论课实践育人的重要性得到进一步认同，各高校在落实思想政治理论课实践教学要求的过程中，虽形成了一些各具特色的实用经验，但部分高校仍存在不少问题，许多高校在开展实践教学基地建设时遇到了不同程度的困难，从实践教学的实施结果来看，存在的主要问题在于以下几个方面。

（一）高校重视度不够，投入不足

部分高校领导和教师对思政实践基地建设的重要性认识不够。他们可能更注重理论教学，认为思政教育主要通过课堂讲授即可完成，忽视了实践教学在思政教育中的独特作用。这种导致在资源分配和工作安排上，对思政实践基地建设的投入相对较少。有些高校仅仅将实践基地视为完成教学任务的场所，没有充分认识到其在学生综合素质培养、校园文化建设、社会服务等方面的多元价值。

高校的经费来源主要包括财政拨款、学费收入和科研项目经费等。在资金

有限的情况下，往往需要优先保障教学科研、基础设施建设等方面的支出，导致思政实践基地建设的资金相对不足，长此以往校外实践基地的建设无法得到质量和效果上的保障，导致学生的实践学习达不到理想效果。随着高校院校规模不断扩大，高等教育要求的不断细化和素质教育的发展要求提升，随之而来的是学生个性化发展对校方软硬件资源配备提出了更高的要求，在校方无法保证加大投入的情况下，学生能够获得的实践学习无法得到落实，实践学习的效果得不到保障。

思想政治理论课教学是有目的性、计划性的教学活动，因此，对于实践教学同样是应该具有严密的规划性。在实践教学基地的选择上，自然不能草率，而是必须根据理论知识进行实践教学的类型划分，再根据实践教学的类型去合理规划具体的实践形式，去根据综合因素考量实践教学基地的选择，以最优化的前期计划去实现学生实践效果的最大化。虽然一些高校在实践教学基地建设方面也制订了详细的计划，但是大部分高校在建立实践基地的过程中，无法深刻开展调查、认真研究，无法有目的性地挑选基地并设计实践活动具体内容。例如，某些高校的实践教学基地只是简单地罗列一些参观场所或实践项目，没有形成一个有机的整体，无法为学生提供系统的实践教学体验。这种缺乏针对性的实践教学基地，难以满足学生多样化的学习需求，也无法充分发挥实践教学在思政课中的重要作用。此外，一些实践教学基地的内容设置较为单一，缺乏深度和广度，无法引导学生进行深入的思考和探索。例如，有的实践教学基地只是简单地展示一些历史文物或图片资料，缺乏互动性和体验性，学生在参观过程中容易感到枯燥乏味，难以真正理解思政课的内涵和价值。导致高校不仅没有完全将其功能充分挖掘出来，高校之间也没有形成良好的实践信息互通，缺乏交流机制，导致实践教学基地之间无法达成共享共建，缺乏成功经验的交流互鉴，这也很大程度导致区域内高校实践教学成果无法达到模式创新和质量跃升，实践教学基地建设缺乏开放性，久而久之，学生因达不到自身成长需要对实践教学基地的向往和兴趣也会大幅度减小，加上很多实践教学基地地理位置偏远、交通不便利，不方便学生前往实践，增加了时间和经济成本，导致部分高校的实践教学基地形同虚设，达不到原本建设的目的，所以一些高校的思想政治理论课社会实践教育基地虚有其表。由于缺乏相关的制度建设，更缺乏卓有成效的经验借鉴，在具体的实施过程中执行力度不够，在延伸与拓展学校教育的过程中忽视了社会实践，导致其严重脱离了课堂教育，在学校开展工作的过程中社会实践已经成为一种负担，因此实施效果不佳。

（二）思政课实践教学基地的教学模式单一化

部分高校和基地管理者对思政课实践教学的认识存在偏差，认为实践教学只是理论教学的补充，没有充分认识到实践教学的独特价值和重要性。因此，在教学模式的设计上缺乏创新意识和积极探索的动力。思想政治理论课实践教学往往还停留在较早之前探索出来的实践内容上，不进行时代化创新，很多活动只针对大方向的契合度，忽略学生专业吻合性，主题不突出，没有考虑针对不同类别的学生开展有针对性的教育活动。另外，各高校思政课实践教学基地的教学模式大多没有依托本校的优势特色进行针对性特色化创新，也没有将学生的实践结果导向与本地发展特色进行有效链接，忽视学生对所在地区经济、社会、文化发展的贡献性，这样就很大程度上忽视了学生的实践需要，无法建立学生对母校的自豪感和归属感、对自身价值的认同感和获得感。此外，省内各高校在选择思政课实践教学基地时，仍然沿袭传统，定位于历史古迹、革命文化教育、爱国主义教育等方面，这些实践教学基地与学生所学专业的关联度不高，没有充分发挥出对培育青年学生职业素养和职业道德的作用，导致部分学生对思政课实践教学重视度不够①。单一的教学模式难以满足学生的多样化学习需求，无法充分发挥实践教学的优势，使得教学效果大打折扣。学生在这种模式下难以深入理解思政课的内涵，也难以将理论知识与实际生活相结合，这使学生在实践基地无法获得深入系统且全面的教学实践，实践教学效果达不到预期设想。在这些学习活动结束之后，也仅仅要求学生提交一份参观心得体会等文字版内容，学生大多为了学分而应付了事，随便抄袭拼凑一篇上交，从而无法真正从中受益。而教师大多也不会一一仔细阅读批注，并及时反馈问题，这就使得思政课实践教学完全成了形式主义。这些原本具有极大精神价值的红色教学基地也根本无法发挥任何应有的教育教化作用。学生在这些单一的实践教学模式中，只是一个简单的参与者，单调的教学模式容易让学生产生厌烦情绪，降低他们参与实践教学的积极性。无法产生任何自身主体作用的认同性，从而导致思政课实践教学基地作用无法体现，教学效果不佳。

（三）现代教育技术手段运用不足

现代教育技术的突飞猛进极大地影响着教育教学领域的改革与发展。随着虚拟仿真技术的发展，VR技术日渐成熟和在思政课领域的应用，使学生不用行万里路就可打卡各个革命圣地，学习红色精神，感悟红色基因。然而，在教育实习基地的建设方面，大部分高师院校却仍然保持着传统做法。部分教师对于现代化教育手段基本不了解，对现代教育技术的应用认识不够全面，还仅仅停留在对互联网进行资料查阅的程度，导致现代教学手段应用不畅，学生无法感受最新教学手段带来的便利和学习新体验。在高校实践教学基地的建设中，往往缺乏先进的实践设备。许多高校实践教学基地无法配备现代化设备，这导致学生在进行实践操作时无法真实地模拟实际工作环境。部分教师只能运用基

---

① 韩红桂.实践教学基地共建共享模式研究［J］.教育教学论坛，2020（6）：32-35.

本的教学软件，如 PPT、视频播放器等，仿佛现代媒体课件的放映员，学生成为缺乏活力的观众。

（四）校企共建不完善，存在困境

校企共同创建校内的实训基地能够为专业人才培育创造全真、全方面的实训空间及实训项目，特别是能够给专业化的产教融合创造发展的动力。校企合作的核心是重视在校学习与企业实践结合的有效性、学校与企业资源整合的高效性、信息共享的时效性等"双赢"模式。校企共同创建合理的校内实训基地会在一定程度上提升学生所具有的社会服务理念，对于培育应用型人才具有非常重要的推动作用。但是，目前校企合作共建实践教学基地的现状还存在一些困境。

企业以追求利润为主要目标，而学校则以培养人才为主要任务。两者的利益诉求不同，导致在合作过程中容易出现矛盾和分歧。企业往往更关注自身的经济效益，对于参与实践教学基地建设的积极性不高。学校方面，由于缺乏有效的激励机制，教师和学生参与校企合作的动力也不足。目前校企共建的实践教学基地大多停留在表面合作，如企业提供实习岗位、学校安排学生实习等。缺乏深层次的合作，如共同制定人才培养方案、开展科研合作等，为学生提供的实践机会并不多，不能满足学生的实际学习需求。

在合作的过程中，学校一方面想要增强学生的实践能力，另一方面，想要借助于企业的机会与平台，帮助学生顺利完成实践教学的任务，完成学生向社会成员的身份转变。企业和学校之间缺乏有效的沟通机制，信息不对称，导致合作难以深入开展。例如，学校不了解企业的需求，企业也不了解学校的教学安排和人才培养目标。企业更多思考的是企业的效益，会考虑实现学生的剩余价值利用最大化，往往忽略学生本身的诉求和学校的教学期待。并且大学生大多思想较为单纯，缺乏社会经验，如若企业没有很好地了解学生内心诉求、制订合理的实践计划，安排学生直接从事强度较高的实践工作，很容易使得他们造成心理落差，打击他们的自信心和实践热情，影响实践基地的教学效果。

在学校进行校企合作生产性实训基地建设的时候需要充分利用有关部门颁布的相关政策，但目前在这个过程中，有关部门缺位导致并未对校企合作颁布明确的政策和施行规则，并没有起到统筹协调的作用，因此也很难调动广大的社会支持力量，进一步推动企业和高校之间的合作。这对建立更加完善的实践教学基地产生了一定的负面影响。

（五）缺乏监控评价体系

高校对于实践教学的考核，一方面，对实践教学过程的监控不足，教师难以全面了解学生在实践基地的具体表现和学习情况，无法及时发现和纠正学生在实践中存在的问题。另一方面，对实践教学效果的评价缺乏科学标准和方法，往往只是简单地通过学生的实践报告或心得体会来评价教学效果，难以准确反映学生在思想认识、实践能力等方面的真实提升。缺乏对校企合作深度、管理水平、师资队伍建设等方面的评价。这就极大忽略了对思政实践教学基地的考察测评，忽略了学生的实践体验，导致实践教学基地存在问题和隐患无法被及时发现、及时纠正、及时解决。评价体系的不完善影响了校企共建的积极性和质量。

三、解决"大思政课"实践教学基地建设的着力点

思想政治教育事关立德树人根本任务的落实，是为党育人、为国育才的重要基础保障工程。"大思政课"实践教学基地的建设与实践，对于推进新时代思政育人工作进程具有重大意义。高校开辟、建设一批稳定的思政课实践教学

基地并予充分利用，对于搞好思政课实践教学，解决实践教学场所自身的发展，保证实践教学的质量，进而促进高等教育教学质量的提高，有着十分重要的作用。因此，搞好实践教学，开辟、建设实践教学基地十分必要和重要。

（一）根据需要制订建设计划

选择与思政课教学相关的基地，首先要明确思政课的教学目标，即培养学生正确的世界观、人生观、价值观，增强学生的社会责任感和爱国主义精神。在此基础上，考察实践教学基地是否能够为学生提供与思政课教学内容紧密结合的学习资源和实践机会。例如，可以选择具有丰富历史文化资源的博物馆、纪念馆等作为实践教学基地，让学生在参观过程中了解国家的历史发展和革命传统，深刻体会爱国主义精神的内涵。

考察实践教学基地应综合考虑多方面要素。首先，要考虑基地的教育资源丰富程度。包括历史文物、文献资料、科技成果等，这些资源能够为学生提供直观的学习素材，激发学生的学习兴趣。目前，高校开设的思政课主要有"思想道德修养与法治""毛泽东思想和中国特色社会主义理论体系概论""中国近现代史纲要""马克思主义基本原理""习近平新时代中国特色社会主义思想概论""形势与政策"等几门课程。根据这些课程的教育教学内容，结合当地思政教育资源实际，制订出思政课校外实践教学基地建设计划。在制定课程标准时，应充分考虑实践教学的环节，并根据相关文件要求把实践教学列入课程学分，更好地利用实践教学基地各项资源。建设计划应以有利于学生增长实践经验为出发点，将选定的基地作为育人的条件，能够为大学生提供服务社会、创业就业等物质条件，包含拟建基地的类型、数量、地域及年度建设数量等。校外实践教学基地建设要类型多样、数量充足，并且借助片区实践教学基地的地理位置优势，发挥片区实践教学基地共建共享的最大效能，这样才能满足各门课程、各个学期的教学需要。同时要坚持就近原则，便于组织学生前往开展活动，提高利用率。计划制订后根据基地的类型、数量制作出牌匾，以备后期挂牌时使用。

（二）共建共享形成联动建设机制

在当今高等教育快速发展的背景下，实践教学基地的建设对于培养具有创新精神和实践能力的高素质人才至关重要。高校实践教学基地共建共享形成联动建设机制，能够整合各方资源，提高实践教学质量，为学生的成长和发展提供更广阔的平台。实践教学基地的共建共享为高校与企业、科研机构之间的合作提供了平台，有利于促进产学研合作，推动科技创新和成果转化，为经济社会发展作出贡献。作为一项社会系统工程，"大思政课"实践教学基地建设需要多方联动协作。完善"大思政课"实践教学基地建设要在构建区域联动建设机制上下足功夫，持续强化各方配合并形成良性互动。建设思想政治理论课校外实践教学基地需要利用校内校外两种资源，全面调动学校、基地单位、党政相关部门、社团组织等多方积极性[①]。相关部门要充分利用自身力量加强文化资源和硬件设施提升，积极主动予以学术研究、文化知识资源、教育场地支持，协同相关学校组织落实思政实践教育活动。教育部门要发挥引导作用，制定相关政策法规，鼓励高校、企业和社会各方参与实践教学基地的共建共享，达成一致的努力方向，发挥区域资源优势建设一批相对稳定且富有特色的教学基地，建立相应科学合理可调节的制度，继续设立更多具有强烈文化精神育人属性的实践教学基地，实现思政文化育人实践教学基地的全面覆盖，精准化育人。

---

① 王彦东，王俊延 . 论高校思想政治理论课实践教学基地的开发利用［J］. 高等农业教育，2014（1）：57.

各高校及实践教学基地通力合作，要制定完善的实践教学基地共建共享管理制度，明确各方的权利和义务，规范实践教学基地的建设、管理和使用行为。建立健全考核评价机制，对实践教学基地的建设质量和运行效果进行定期考核评价，确保联动建设机制的有效运行。要有针对性地加强实践教学基地建设，不断完善实践教学条件，针对共建共享的顶层设计各高校要展开商讨，实现教学资源的共建共享。各大基地也要秉承开放、包容、共同发展理念积极创造条件和完善自身体系，加强与各地教育部门和学校进行有效协同合作，为思政课实践基地共建共享提供支持与服务，学校应主动对接基地开发设计较为系统的实践教学课程，根据学生的身心特点和认知规律开展常态化的实践教学活动。

各基地应加强与学校协同，根据教学需要将基地原有资源转换成为可考察、可调研、可探究的教学资源，为学校组织开展好"大思政课"提供支持和便利；依托师生广泛宣传基地文化特色、持续扩大基地社会影响力。同时要强化实践教学的科学管理，各高校思政课实践教学要制定完善的实践教学管理制度，明确实践教学的管理职责、管理流程和管理要求，确保实践教学的管理有章可循。高校应遵循目标导向、过程管理、资源优化和评价反馈等原则，采取建立健全管理制度、加强师资队伍建设、优化资源配置、完善评价体系等措施，不断提高实践教学的管理水平和质量，为培养具有创新精神和实践能力的高素质人才作出更大的贡献。

实现共建共享是一项事关"大思政课"实践教学基地建设全局的基础性工作，绝不是任何一方的单打独斗。实现实践教学基地共建共享，不仅能够实现课堂教学与实践环节的良性互动，而且使学生在学习、理解课堂教学内容后内心能够树立正确的世界观、人生观和价值观，心怀高远志向，脚踏实地前行，在探索与实践中砥砺自我，与时代脉搏同频共振，使承载爱国主义教育和革命传统教育载体作用的实践教学基地真正发挥作用。

（三）用好各方师资力量

建设一支高素质教师队伍是建好用好"大思政课"实践教学基地的关键之举。2019 年学校思想政治理论课教师座谈会召开以来，各地各校思政课教师队伍建设虽然实现了快速发展，但就整体师资结构和教师综合素养而言，仍与落实好习近平总书记提出的"'大思政课'我们要善用之"的重要要求存在一定差距。现实中，尽管各"大思政课"实践教学基地提供了极为丰富的教学资源和极为便利的教学条件，但教学效果常常因为思政课教师的宏观思维限制、跨学科能力以及社会实践经验不足而打了折扣。

与思政"小课堂"不同，讲好"大思政课"不能仅靠思政课教师单兵作战，在发挥思政课教师关键主导作用的同时，还应统筹用好基地的各方面师资力量。必须精心选聘一批勤奋学习、广泛涉猎、博采众长、好学不倦的人员作为基地的专任教师，合力打造一支既具有较深的学术造诣和丰富的教学经历，又具有比较丰富的实践经验，经常性进行教学研讨，构建素质优良的"大思政课"实践教学教师队伍，协同打好新时代铸魂育人的攻坚战。

通过校际间的联动，可以打破学校之间的壁垒，实现优秀师资的共享。不同学校的教师具有不同的教学风格和专业特长，相互交流合作可以丰富教学内容、提高教学质量。校际间的交流合作可以为教师提供更多的学习和成长机会。教师可以通过参加校际间的教研活动、学术讲座等，拓宽视野，提升专业素养。能够实现思政课实践教学联动育人效果最大化。各高校应共同发起成立校际间思政课实践教学联盟，制定联盟章程，明确联盟的宗旨、任务和组织架构。联盟可以定期组织教研活动、学术讲座等，促进校际间的交流与合作。另外，吸纳实践基地工作人员加入实践教学师资团队，有助于加强学校与实践基地之间的合作。双方可以共同制订实践教学计划、开展科研项目、组织学生实习等，实现资源共享、优势互补，为学生提供更好的实践教学环境和机会。实践基地工作人员熟悉行业动态和企业需求，他们能够为学生提供更具针对性的指导和建议，帮助学生更好地适应未来的职业发展。同时，他们的参与也能够促进实践教学与实际工作的紧密结合，提高实践教学的质量和效果。另外，实践基地工作人员的加入，能够为学校教师提供与实际工作接触的机会，促进教师实践能力的提升。教师可以通过与实践基地工作人员的交流与合作，了解行业最新动态和技术发展趋势，将其融入教学中，提高教学的实用性和前瞻性。

邀请、争取领域内一些知名专家学者对本校的实践教学的支持，作为基地兼职教师分享其专业的学术研究、丰富的社会经验和充实的工作经历，通过现场教学或现身说法等教学形式，对学生产生更强的说服力、感染力。与此同时，基地建设应当遵循"教学相长"这一原则。在依托基地开展的教学活动中，教师不仅要精心设计出符合学生成长特点和认知规律的特色课程和教学内容，实现教师与学生之间面对面的沟通、交流，需要学生之间的现实协作，支持学生成为"大思政课"建设主体和教学实施主体，从而有效地激发学生参与体验式学习和探究式学习的积极性、主动性和创造性，进而达到学思并行、知行合一的"大思政课"学习效果。

（四）持续创新完善教学组织形式和手段

相关部门始终强调思政实践教学基地要善用，要建好、用好。在建好的基础上，思政实践教学基地的善用还需要紧密结合时代社会发展趋势、结合社会现实生活、结合思政教育发展现状，面向中国式现代化要求，面向未来。各类实践要在教学全过程贯彻有温度的育人这一方式，应积极研究改进和创新教学方法，深度挖掘提炼思想政治理论课中的思想价值和精神内涵，科学合理拓展实践课的广度、深度和温度，提升引领性、时代性和开放性，采用大学生比较感兴趣的方式，达到潜移默化、润物无声的育人效果。首先，要通过文化实践活动重点培养学生的民族文化情怀、革命红色文化精神信仰。比如在"坚定革命理想信念，传承红色基因"主题活动中，让学生听取典型人物的先进事迹，系统了解中国共产党精神谱系内容，引导学生弘扬传承红色文化基因，自觉维护民族团结统一。在历史博物馆等传统文化专题实践基地活动中，要引导学生主动进行传统文化学习和讲解活动，当好一日讲解员，感受并传播中华优秀传统文化，强化中华优秀传统文化保护传承和创新意识。其次，思政文化育人不仅要重视精神意识教育，还要加强科技知识实用技能的培养。比如在非遗文化专题实践基地活动中，除了让学生了解非遗文化的博大精深之外，还要组织学生进行非遗手工制作系列活动，让学生在实践中感受中国传统文化的博大精深和魅力所在；在农业知识专题实践中，带学生到田野开展劳动课，帮助学生将所学的农业专业知识用于农业生产实践中，激发他们积极参与乡村振兴的热情，同时也进一步明确保护耕地、确保粮食安全的重要性。最后，在思想政治理论课实践教学共建共享中，还要充分发挥网络平台的作用，通过网络平台，实现更加方便快捷的共建共享①。思政实践教学基地还要积极引入和利用现代科学技术辅助教学实践活动。比如积极推进课上与课下、校内与校外、线上与线下、现实与虚拟、教书与育人的多样化联动，通过影视媒介、3D技术使学生身临其境地体验优秀文化的感染力，增强文化自信。当前，互联网的发展增加了实践教育基地的使用途径，有较多成熟的展览馆已制作了数字资源，如

---

① 王学良.基于网络平台的高校思政课评价机制探索［J］.黑龙江教育（高教研究与评估），2020（3）：62-64.

《复兴之路》大型主题数字博物馆、中国共产党历史展览馆网上展馆、伟大的变革——庆祝改革开放 40 周年大型展览网上展览馆等，将实践教学基地转化为数字资源，并融入思政课堂，不仅能够为思政教学带来新的活力，还能极大地提高教学的便捷性和实效性。

（五）校企共建实现实践教育基地稳定化

校企共建是实现实践教育基地稳定化的有效途径，通过整合企业与学校的资源优势，能够为学生提供更加优质的实践教育环境，是实现新时代高校人才培养内涵建设，教育与生产可持续发展的重要途径。通过校企合作为企业注入新鲜血液，可以有效提升企业活力，学生得到技能，地方得到发展，学校实现培养人才和服务社会的目标。

企业拥有先进的生产设备、技术和管理经验，学校则具有丰富的教学资源和科研实力。企业可以为学校提供科研经费和实践场所，学校可以为企业提供人才支持和技术服务。通过产学研合作，可以提高企业的技术水平和创新能力，促进学校的科研成果转化，实现校企双方的互利共赢。通过资源共享、优势互补，校企共建实践教育基地可以提高实践教育质量，促进就业创业，为培养高素质的应用型人才提供有力保障。

要想建立稳定的校企合作关系，高校要持续做好合作企业的遴选工作，学校应当按学期、学年做好对合作企业类型和数量的规划，以及对企业的要求进行明确。首要的是所选企业应当具有良好的经营资质和经营模式，能够在校企合作共建实践教学基地的过程中提供所需的硬件资源，持续稳定发挥作用；企业的类型和发展规划应当和高校思政课实践教学所规划的实践项目相契合，能够在校企合作共建实践基地过程中使学校和企业寻找到合适的契合点。另外，高校要注意考察企业是否具有创新意识和创新管理理念，以便给学生创新精神和创新能力带来更多有益的熏陶。

为了更好地建立稳定的校企合作模式，发挥校企合作的作用，学校和企业之间应该尽可能达成合作目标的一致性，并且应该制订长远的目标计划，使得"教学+实践"模式能够不断延续下去。因此，高校要不断加强与合作单位的联系，建立稳定的和可持续发展的实践教学基地。学生进行集中实践教学的目的之一就是要实现专业理论知识与实践的结合，为了更好地锻炼学生的专业技能，这就要求院系与合作单位增加专业交流的深度，突出专业特点，加强产学研合作。否则，即使学生在实践教学基地实践再长时间，实践结果与学习目标也无法达成统一，对学生学习起不到正向结果。因此，学校与企业在合作之初，可以通过研讨会的形式，根据合作的不同阶段的不同需求和所要达成的效果，初步确立最终目标与阶段性目标。要明确规定合作双方的权利义务，各方要遵守各自的职责。同时，在实践教学基地建成后，学校要与实践教学基地保持长期联系，在合作的过程中，应该定期进行复盘，并做好后续的合作发展规划。总结之前合作过程中的经验和存在的问题，并根据实际情况调整下一步的计划，在不断的摸索中稳步前进，保证思想政治理论课的实践教学始终沿着核心目标进行。在每个学期末，学校应对这一学年的校企合作实践教学活动进行评价和总结，及时发现存在的问题，并加以改善，提出合理性建议，从而促进实践教学质量的提升。在这个过程中，学生也应积极参与其中，对于自身实践过程能够有清晰的认识，从阶段性了解到总体发展方向都了然于胸。通过这种前期的明确规划，能够帮助学生在实践过程中减少不确定性和不可控感，全身心投入实践教学，不断提高自身技能和综合素养。阶段性的讨论中，学生可以将自身在实习过程中遇到的问题，及时反馈给学校与企业，有效解决问题，避免出现学生的诉求得不到满足。教师是学校与企业之间的桥梁纽带，他们了解学校的教学需求和学生的特点，同时也熟悉企业的实际情况和用人需求。学校、马克思主义学院、教研室等应给予教师专业发展的支持。可以通过组织教师参加企业培训、学术交流等活动，提高教师的专业水平和实践能力。同时，还可以为教师提供参与企业项目研发、技术创新等机会，促进教师与企业的深度合作。为了鼓励教师积极参与校企合作，学校、马克思主义学院、教研室等应建立健全激励机制。可以通过设立校企合作专项奖励、职称评定倾斜等方式，激励教师参与校企合作的积极性和主动性。同时，还可以为教师提供一定的物质奖励和精神鼓励，提高教师的工作满意度。

另外，学生的安全问题在校企合作过程中是最核心的要点，是重中之重，学校与企业都应格外重视。高校要对合作企业进行严格筛选，并对合作项目进行全程监管，确保学生的安全，确保学生的权益得到充分保障。为了保障学生在实践过程中的安全，可以建立校企联动的安全保障中心，严格制定校企双方安全保障规划，签订安全保障协议，对学生在实践活动期间的安全问题进行双重保障，保证不会出现推卸责任的问题。除了建立安全保障中心外，也需要制定严格的规章制度，在学生进行实践活动之前，由学校和企业共同开展安全教育和规章制度说明，规范学生在企业实习期间的实践行为。也可以实行奖惩制度，建立学生评教与企业评级，对表现优秀的学生和指导教师给予一定的奖励，对于不遵守安全规章的学生和指导教师进行相应惩戒，并计入期末评价，在考核成绩上有所呈现。校企合作并非一蹴而就，其成功与否取决于多方面的因素，包括学校的办学实力、企业的行业地位、合作项目的质量以及学生自身的学习态度等。随着校企合作的不断推进，希望校企双方能够共同努力，携手打造更适合思想政治理论课实践教学校外合作模式的方案规划，共同推动校企合作的规范化与合理性，真正地推动教育改革与发展。

（六）完善基地评价机制

对校外实践教学示范基地建设情况的检查评估主要以所在省份的实践教学示范基地建设标准为评价依据。马克思主义学院要制定专门的专用评价手册。评价表要包含实践基地基本情况（包括签订的合作起止时间、可容纳的学生数、可供学生实践的项目类别、可参与指导的基地人员情况等各方面内容）、基地专项建设经费使用方向、基地现有实践项目存在的短板、基地建设的总体方向等。马克思主义学院在对基地进行评估之前，可以先利用手册对以上的基本情况进行梳理和总结，对已经开展的实践项目做好评估，对取得的经验和产生的问题进行详细分析，并规划好推广方案和弥补措施。利用此评价手册内所载的资料，马克思主义学院可以在对基地进行检查评估时更好掌握基本情况，检查组通过评价手册在实地现场检查评估时也能够更有针对性和方向性。

实践教学基地的检查组成员可采取领导带队的方式，有序分工，检查小组使用专用评分表。评分表上的内容设置须完全量化，如实践基地"可选择项目"一栏设置为满分 10 分，根据每次能提供一个班级同时参与并与设定主题贴合度进行量化打分；"指导教师"一栏，设置总分为 10 分，合作单位与学校双方各占 5 分，根据双方指导教师的参与度和指导情况进行打分。依照此种量化方式，对实践教学基地内实训场地、管理规章制度、教学软硬件设施、实践所需物料储备、安全设施、食宿等方面进行分值的设置，检查组严格依照此表进行定期检查打分。

通过制定专业且详细的量化评分表，高校马克思主义学院在一定程度上对思政课实践教学基地的建设运行和使用情况便能够有更直观的把控和了解。实践教学示范基地是否符合建设标准，是否得到了最大化的利用，学生是否在实践教学中取得了教学计划的预想成果，还存在哪些不足以及在哪些方面需要改进和如何改进，学校都能有一个较为系统和明确的结论。

健全的评价机制应当包含合作单位与参与学生的互评，即不仅要有基地对学生实践教学效果的调查，还需要有学生的满意度调查，尤其学生对基地的实践过程评价与后期评价调查，要建立定期沟通机制，确保学生能够及时获取实践基地的信息，同时提供渠道让学生表达自己的需求，为学生提供心理辅导、学业指导等服务，提高学生在实践过程中的获得感与支持感。对于学生评价较低、实践效果较差的实践基地，院系可以考虑终止合作或重新规划合作方案，并根据学生的意见和建议重新寻找合适的实践教学基地合作单位。经由这种对基地的全面检查，既能发现一些基地建设过程中普遍存在的问题，也能总结出大量有价值的经验，其中一些经验具有普遍推广的价值。本校的其他院系或者同类院校可以从中借鉴。

实践教学基地的建设与评价对于整个实践教学体系的完善是一项有益的举措。通过实践教学基地的建设与评价，可以进一步激活实践教学基地的内容、制度、质量监督与评价各个部分的活力，进而实现整个实践教学体系内容体系、制度体系与质量监督与评价体系的双向互动与完善。另外，实践教学示范基地的建设对于带动其他基地的建设也是有益的。每个院系在建设示范基地的时候都会积累一些有价值的经验，这些经验可用于建设本院系其他基地，使其他基地的建设质量向示范基地不断靠拢。从而使全校实习基地在建设、管理总体水平上都有所提升。

总之，建好用好思政课实践教学基地，整合社会力量和资源，将"大思政"课堂推向社会，是实现高质量思政文化育人的基本有效路径。只有不断完善健全各类文化专题思政实践教学基地，紧密结合时代发展趋势和社会现实生活发展，遵循思政教育发展现状，面向中国式现代化要求，不断完善健全思政实践教学基地，才能够充分发挥思政实践教学基地的资源和空间优势，推动形成"大思政课"教育新生态，进一步引导学生厚植家国情怀、了解国情民情、增长知识才干、激发担当意识。

第五章

高校思想政治理论课实践教学网络意识形态建设

习近平总书记在全国高校思想政治工作会议上指出："要用好课堂教学这个主渠道，思想政治理论课要坚持在改进中加强，提升思想政治教育亲和力和针对性，满足学生成长发展需求和期待。"[①]意识形态工作是党的一项极端重要的工作，在信息化时代，互联网日益成为意识形态斗争的主阵地、主战场、最前沿。但信息网络化、文化多元化的进程中，网络技术手段的不断升级、文化多样性、多元化的发展，网络空间不仅给意识形态的发展带来了机遇，也带来了挑战。当前，意识形态通过搭载网络这个平台，使得网络意识形态的发展呈现出新态势，具有新的发展趋向。在教育部印发的《新时代高校思想政治理论课教学工作基本要求》中明确指出：坚持正确政治方向，强化思想政治理论课价值引领功能。为此，高校思想政治理论课作为思想政治教育的主渠道，在新媒体和新技术的运用下，要把思想政治工作的传统优势与现代技术相结合，提

---

① 习近平在全国高校思想政治工作会议上强调把思想政治工作贯穿教育教学全过程开创我国高等教育事业发展新局面［N］.人民日报，2016–12–09（1）.

高时代感和吸引力，同时必须科学构建高校思想政治理论课的政治引领功能，不断推动高校网络意识形态建设。

一、"互联网+"高校思政教育的发展及特征

我们正处在一个"互联网+"的时代，随着互联网在日常生活中的广泛应用，互联网环境已经成为人们生活的重要环境。第54次《中国互联网络发展状况统计报告》显示，我国新增网民742万人，以10~19岁青少年和"银发族"为主，其中青少年占新增网民的49.0%。以抖音为例，《2024抖音数据报告》显示，截至2024年1月，抖音日活跃用户突破4亿。在用户构成上，年轻人成为绝对主力，30岁以下的用户占比超过50%，其中18~24岁的用户群体增长最快。已经习惯了数字化环境的当代青年学生群体，从国内外的重大事件到最新政策，从科技发展进步到生态环境保护，从经济发展到文化交流都从互联网获取，都在互联网上进行，对于相对固化平面、章节固定、结构严谨的思想政治教育知识体系缺乏兴趣与热情，如何占领网络领域，将学生在互联网中关注的内容更多地引领到高校思政教育内容中就显得尤为重要。

（一）"互联网+"高校思政教育的发展

随着互联网络的普及和信息技术的不断发展，网络作为全新的传播媒介，对以大学生为主体的高校思想政治教育工作产生着广泛而深刻的影响，以互联网为代表的信息传播技术在给高校思想政治教育带来机遇的同时也带来了巨大的挑战。

1. "互联网+"视域下高校思政教育面临的机遇

（1）高校思政教育时间、空间得以扩展

"互联网+"促使传统教学向多元化转变。传统的思政教学主要以课堂讲

授为主，方式较为单一。而在"互联网+"时代，教学方式更加多样化。一方面，线上教学平台的出现，如微课堂、网络直播等形式，打破了时间和空间的限制，学生可以根据自己的时间安排进行学习。例如，一些高校推出的思政在线课程，学生可以在课余时间自主学习，课程点击率高达数万次。另一方面，互联网技术的应用使得教学更加互动。通过网络平台，教师和学生可以进行实时互动，学生可以提出问题、发表观点，教师可以及时给予反馈。同时，利用互联网的多媒体功能，教师可以将文字、图片、视频等多种形式的教学内容融合在一起，使教学更加生动有趣。例如，学生完成线上微课，精准了解自主学习质量水平，将课堂变成师生、同学之间的合作探究，是学生的学习和思维成果展示分享会。这种教学方式的变革，极大地提高了学生的学习积极性和参与度。

（2）大学生思政教育的载体和途径得以丰富

网络空间与现实社会的政治、经济、文化和社会秩序密切相关，是现实社会的延伸。传统课堂上的教育载体，包括电视、固定电脑、平面传媒等，存在不易大量携带、周转率低等缺点。而互联网的出现，为思政教育带来了多元化的新载体，思政课教师可以通过网站、微信公众号、微博账号、微信群、QQ群等，结合新媒体环境主动拓展平台与空间，将文字、图片、音频、视频等多种元素融入思政教育，这些在线学习平台打破了时间和空间的限制，让学生能够随时随地进行学习，极大地提高了学习的灵活性和便利性。

（3）大学生思政教育的内容得以拓宽

在"互联网+"时代，教学资源的丰富化成为高校思政教育的一大机遇。通过整合网络热点事件等资源，能够为思政课教学注入新的活力。在"互联网+"时代，丰富的网络资源为思政教育提供了极为有利的信息条件。互联网就像一个巨大的知识宝库，拥有海量的时政新闻、先进人物事迹、红色文化资源等。据统计，目前全国 3.6 万多处不可移动革命文物、超过 100 万件 / 套国有馆藏可移动革命文物，通过网络平台展示，成为培育学生历史观的重要物证。学生可以随时随地通过网络访问这些资源拓宽自己的视野，丰富自己的知识储备。随着互联网的发展，思政教育理论知识也会进一步深化丰富，提供更加丰富、鲜活、具有时代特征的知识。互联网集文字、图片、声音于一身，极大程度地丰富了思政教育内容，为高校思政教育工作带来了活力。互联网涉及内容丰富、传播范围广，可以共享相同的教育资源，充实思政教育的资源，扩大思想政治教育的覆盖面，把一批富有感召力、正能量和时代性的内容选出来，作为思政教育的生动素材，能够拓宽学生视野，深化学生对思政教育内容的理解与记忆，实现思想政治教育资源利用的最大化。

（4）大学生思政教育的实效性得以增强

互联网具有信息传播即时性的特点，这使得思政教育能够对时事热点迅速作出反应。当国内外发生重大事件时，高校可以通过网络平台第一时间向学生传递相关信息，并引导学生进行思考和讨论。例如，在国家重大会议召开期间，高校可以通过官方网站、微信公众号等渠道及时发布会议动态和重要精神，组织学生在线学习和交流。这种即时性的教育方式能够让学生紧跟时代步伐，增强对国家政策和社会发展的了解，提高思政教育的时效性。

网络空间的交互性和开放性等特征，为大学生网民提供了相当程度的自由度和话语权，因此大学生在网络中的参与度较高，自我表达的意愿较强烈，也更愿意通过网络来获取资讯、建立认知。互联网加剧了思政教学内容更新的频率，丰富了理论交融的模式。大数据经过精密的算法，以最快的速度判断学生的兴趣取向，融合先进理论知识，对学生潜移默化进行渗透性教育。

在网络环境下，各种社会热点新闻等更容易在大学生群体中传播，高校思想政治教育工作者可以利用这些事例，加以正确引导，使抽象的原理、知识具体化，让学生更容易理解和掌握，提高大学生观察问题、分析问题的能力，进而提高学生的学习兴趣，达到思想政治教育工作的目的。同时，运用互联网新媒体，高校网络思政教育工作可以在互动中教学，在教学中互动，根据实际工作需要进行灵活调整，多管齐下，以达到最优的教育效果。

（5）大学生思政教育的针对性得到强化

针对性是衡量学生思政教育落实程度的关键指标，多数学生对思政教育具有抵触性，但他们并不是认为此类内容毫无意义，而是反感思政教育本身一成不变的教育方式。随着网络新媒体平台的普及，对于信息的需求更加主动和自由，教师认识到思政教育的工作中教育的手段不应该仅仅立足在"教"，他们通过浏览最新的资讯联合理论形成属于自己的知识体系框架，进而丰富自己的价值观，形成自己的思想和认识。网络新媒体的针对性使得教与学场域界限逐渐弥合，教师的知识权威被显著消解，学生的文化反哺能力显著提升，学生既可以是被动的知识接收者也可以是主动的信息传播者。同时，互联网络信息以分钟甚至以秒为周期进行更新，通过互联网，思政教师能够通过新媒体平台了解学生内心真实的想法，高校可以利用校园网络平台的数据监测功能，了解学生经常访问的网站类型、参与的话题讨论等信息，从而推断出学生的思想倾向和需求。这样一来，思政教师就能根据这些数据，有针对性地制定教育方案，为不同类型的学生提供个性化的思政教育内容。

（6）高校师生的交流方式得以深入进行

互联网的发展拓宽了高校师生的交流方式，使思想政治工作得以深入进行。互联网的匿名性和平等性特点有助于促进师生之间的平等对话。在网络交流中，师生的身份差异相对弱化，学生更容易放下心理负担，畅所欲言表达自己的真实想法和感受。教师也可以更加平等地与学生交流，倾听他们的意见和建议，从而更好地了解学生的需求和心理状态。这种平等对话的交流方式有助于增强师生之间的信任和理解，建立更加和谐、亲密的师生关系。例如，在班级微信群中，学生可以自由地发表对课程设置、教学方法等方面的看法，教师也能以开放的心态接受学生的建议，共同促进教学质量的提高。

互联网为思政教师与学生之间的互动和沟通提供了更加个性化的方式。通过电子邮件、即时通信工具、在线论坛等渠道，教师可以与学生进行一对一的交流，深入了解他们的思想困惑和问题，并给予针对性的解答和指导，做到因人而异，鼓励他们吐露心声，切实具体地解决每个学生的问题，有利于实现真正意义上的师生互动，帮助学生走出思想困境，充分提高大学生思想政治教育工作的针对性。此外，网络心理咨询平台也可以为学生提供专业的心理辅导，帮助他们解决在思想和心理方面的问题。这种个性化的互动与沟通能够更好地满足学生的需求，增强思政教育的针对性和实效性。

2. "互联网+"视域下高校思政教育面临的困境

（1）给思想政治教育者带来的挑战

在"互联网+"视域下，高校思政教育既迎来了丰富的机遇，也面临着严峻的挑战。在传统思政课堂中，填鸭式教育的弊端日益凸显。填鸭式教育往往是教师单向地向学生灌输知识，学生被动地接受。这种教学方法忽视了学生的主体地位，难以激发学生的学习兴趣和主动性。例如，教师在讲台上滔滔不绝地讲解理论知识，学生在下面被动地听讲、做笔记，课堂氛围沉闷，缺乏互动和交流。部分高校对"互联网+思政育人"重视不足，忽视网络思政教育，且该工作落后于招生、就业、科研等工作。教育队伍结构也存在不合理之处，年龄老化和信息技术应用能力不强的问题凸显，考核评价体系不完善也影响了教师积极性。教师对信息化手段的掌握和应用能力也存在差异，有些教师对新技术的应用不熟悉，无法充分发挥其作用，导致信息化手段在教学中的效果大打折扣。育人平台吸引力不强，资源丰富但形式单一、内容枯燥，难以吸引学生，学生容易被娱乐内容吸引，对思政教育资源关注度低。

一方面，处于发展中的高校大学生缺乏有效筛选信息的能力，他们思想观念、思维模式、解决问题的方式方法会受到一定程度的负面影响；另一方面，在"互联网+"的背景下，教师授课的权威性受到了威胁，教师对课堂的控制能力较弱，高校思政教育工作者仅仅通过课堂教学的方式授课，较难引起学生的兴趣，课堂教学效果较差。思政教师必须充分运用新技术新应用创新现代教育教学手段，如利用雨课堂、超星等学习平台进行课堂签到、考核、布置作业、交流互动等，建立学科微信群，在群内实现实时互动，为学生推送生动的文字、图片、视频等学习资料。

一方面，大学生每天接收到的各类信息众多，其中不乏与思政教育相悖的内容。这使得学生在信息的海洋中难以准确辨别和筛选有价值的思政教育信息，增加了高校思政教育的难度。例如，一些西方不良思想和价值观通过网络传播，容易误导大学生，使他们对国家和民族的认同感产生动摇。另一方面，互联网的多样化教学方式在带来创新的同时，也可能分散学生的注意力。各种娱乐性的网络应用层出不穷，学生很容易被其吸引，从而对传统的思政课堂产生抵触情绪。以某高校为例，在思政课上，超过一半的学生曾有过玩手机、浏览娱乐新闻等行为。这不仅影响了教学效果，也使得教师在开展思政教育时面临更大的挑战。

辅导员利用网络管理学生的普及率低，这给高校思政教育带来了新的挑战。在"互联网+"时代，虽然网络为辅导员管理学生提供了新的途径和方法，但实际情况中，辅导员利用网络管理学生的普及率并不高。一方面，部分辅导员对网络管理的重要性认识不足，仍然习惯于传统的管理方式。他们认为面对面的交流和管理更加直接有效，而对网络管理的优势和潜力认识不够。另一方面，网络管理也存在一些技术和操作上的难题。例如，如何有效地利用各种网络平台进行学生管理，如何确保信息的安全和准确性等问题，都需要辅导员具备一定的技术和管理能力。此外，学生对辅导员网络管理的接受度也存在差异。一些学生认为网络管理侵犯了他们的隐私，对辅导员的网络管理行为存在抵触情绪。而另一些学生则希望辅导员能够更加积极地利用网络管理他们的学习和生活，提供更多的指导和帮助。因此，提高辅导员利用网络管理学生的普及率，需要辅导员和学生共同努力，加强沟通和理解，充分发挥网络管理的优势，提高思政教育的管理水平和效果。

因此，在互联网时代下，高校思想政治教育施教者的身份权威和知识权威面临着极大的挑战，必须要及时转变教学方式来对学生的思想意识进行有效的引导①。同时，高校思政课教师应加快自身的学习能力，及时更新知识体系，掌握新技术手段。

（2）给思想政治学习者带来的挑战

在"互联网+"时代，网络上充斥着各种不良信息，如暴力、淫秽、迷信等内容，这些不良信息对大学生的危害极大。一方面，暴力信息可能会激发大学生的攻击性和冲动性，影响他们的情绪管理和人际交往能力。据调查，长期接触暴力信息的大学生更容易出现攻击性行为和暴力倾向。另一方面，淫秽信息会侵蚀大学生的心灵，扭曲他们的性观念和道德观。一些大学生由于缺乏正

---

① 姚帆.网络文化对高校思政教育工作的影响［J］.大众科技，2016（7）：191–192.

确的引导，在接触到淫秽信息后，可能会陷入错误的认知和行为模式中。此外，迷信信息也会误导大学生，使他们对科学产生怀疑，影响他们的理性思维和判断能力。例如，一些大学生在面临学业压力和生活困难时，可能会求助于迷信活动，而不是通过科学的方法去解决问题。

大学生在接受网络信息时，具有较强的主观能动性。他们往往会根据自己的兴趣和需求选择信息，而对于那些与自己观点不符或不感兴趣的信息则会选择性忽略。这种主观能动性使得大学生在面对海量信息时，更容易受到不良信息的影响。此外，大学生的思维方式和价值观还处于形成阶段，他们对信息的辨别能力相对较弱。在面对复杂的网络信息时，他们往往难以准确判断信息的真伪和价值。例如，一些大学生可能会被网络上的虚假新闻和谣言所误导，从而产生错误的认知和行为。同时，大学生的社交圈子也会影响他们对信息的辨别能力。在社交网络中，大学生往往会受到朋友和同学的影响，对于一些信息缺乏独立的思考和判断。例如，一些大学生可能会因为朋友的推荐而盲目相信一些不良信息，从而对自己的价值观和行为产生负面影响。

（二）"互联网＋"时代高校思政教育的特点

"互联网＋"时代高校思想政治教育呈现出以下几个新特点。

1. 教育内容的时效性和广泛性

互联网具有资源共享和实时更新的特点，人们可以随时随地通过互联网获取最新的信息和知识，或者发布自己的观点和内容。高校利用互联网可以实现信息共享的即时性，在互联网上打破时空限制上传各类学习资源，随时随地供学生学习和参考。这使得网络思想政治教育的教育内容具有打破时空限制和信息存储限量的特点，即具有时效性和广泛性。人们可以通过网络实现各类信息的触手可及，尽可能地满足自己的好奇心，并寻求更多问题的答案。同时网络海纳性的特点还促成搜索的技术发展，只需通过简单的媒介——电脑或者手机，人们就可以搜索到最新的内容和信息，为开展思想政治教育提供了极大的方便和空间。

2. 教育信息的形象性和生动性

信息网络技术的发展可以使得思想政治教育传递的教育信息更加形象和生动，可以将教育信息变平面为立体，变静态为动态，变单色为多色，变无声为有声。互联网思政教育信息的形象性能够极大地增强思政教育的吸引力和感染力。通过在线讨论、问答、投票等形式，让学生积极参与到思政教育中来，发表自己的观点和看法。这种互动式的教学方式不仅可以提高学生的学习兴趣，还可以促进学生之间的思想交流和碰撞，拓宽他们的思维视野。在互联网时代，图像、视频等多媒体形式被广泛应用于思政教育中。在互联网上，很多思政教师采用幽默、风趣的语言风格，将严肃的思政教育内容以轻松活泼的方式呈现出来，让学生在愉悦的氛围中接受教育。例如，一些思政教育公众号会用网络流行语来解读时政热点，既增加了趣味性，又让学生更好地理解国家政策和社会发展趋势，从而达到以理育人、以情动人、以形感人、以境育人的效果。不再让学生对思政课内容感到晦涩难懂，而是从中获得学习的乐趣与成就感，可以更加深化人们的精神需求。

3. 教育主客体的平等性和交互性

在网络信息环境下，思想教育的主客体传播模式发生了巨大变化，主客体地位的平等性、交互性空前彰显。教师和学生也就是教育的主客体变得更加平等，而大数据、云计算和人工智能等新型信息技术，可以实现教学内容的数字化和数据化，满足学生个性化和精准化教育需求，逐渐打破传统的单向教育方式，实现知识的多向互动，促进学生在课堂进行深度学习，助力学生完成学习目标，达到人人皆学、处处能学、时时可学的效果，切实提高教学质量。从这个层面上说，网络思想政治教育可以使人们演变成实施思想政治教育的主体，摆脱被动受教，获得平等地位。同时，互联网极大地增强了教育主客体之间的交互性，使教学过程更加生动、有趣、富有成效。通过网络，教师和学生可以了解社会热点问题、参与社会实践活动，将所学知识与实际生活相结合，提高自己的社会责任感和实践能力。社会也可以通过网络对教育进行监督和评价，为教育改革和发展提供参考和建议。

4. 教育过程的互动性和开放性

互联网思想政治教育的教育过程显得开放和互动，在网络中开展思想政治教育可以形成互动性和开放性的局面。互联网提供了多种互动工具，如在线讨论区、即时通信软件等，使教师与学生、学生与学生之间的交流更加便捷。这种互动式教学不仅增强了学生的学习兴趣和参与度，还提高了教学效果和学习效率。网络当中的思想政治教育内容和信息面向任何人，呈现全方位的开放状态，学生可以随时访问各个高校的公开课、教学视频、电子书籍等，拉近了思想政治教育主客体之间的距离。

5. 教育反馈的隐匿性和主动性

网上交往是通过网络平台进行的，双方并不直接见面，因此交往具有一定的虚拟性。在网络世界中，自己的姓名、年龄、性别、专业、学历、家庭、工作背景等身份特征都可以是隐藏的状态。在这种抽离社交准则、社会舆论压力的虚拟化环境中，沟通对象更愿意表达自己的想法和观点。学生还可以根据教师的教学质量和效果在网上进行匿名评教，体现学生对教师课堂教学的直接反馈。同时授课教师也能通过这种评价方式充分认识到学生对自己授课的评价，认识到自身存在的不足，并根据学生的意见进行教学方法和手段的调整。

6. 教育环境的多元性和包容性

随着移动互联网的普及，人们越来越习惯通过移动设备获取信息和学习知识。随着抖音、小红书、B站、视频号、微课程等互联网下的新媒体产物不断涌现，信息传播形式发生翻天覆地的变化。网络环境面向所有人开放，尤其是在线教育平台以其灵活方便、开放共享的特点，受到了广大学生的欢迎。思想政治教育借助各类移动学习平台和应用程序，让学生可以随时随地通过手机或平板电脑进行学习，突破了相对封闭环境的限制，无须受时间和地域的限制，拉近了人们、学校、家庭、社会的相互距离，让这四者之间形成良好的沟通和合作。在"互联网＋"背景下，城乡之间、地区之间的教育鸿沟也将被逐步缩小乃至填平，有助于教育公平的实现。

二、"互联网＋"时代高校思政教育的原则和方法

（一）"互联网＋"时代高校思政教育的原则

1. 先进性原则

先进性原则代表事物的发展方向和趋势。在高校思政教育中，要发挥网络前沿阵地作用，构建网上思想政治教育体系。中国共产党始终代表中国先进文化的发展方向，高校思政教育工作应牢牢把握各种文化载体的导向，重视先进文化与先进文化载体的有机结合。在"互联网＋"的全新工作环境下开展思想政治教育，不仅是运用先进的科学技术手段，更重要的是用先进文化占领新的思想阵地。例如，高校可以通过建立思想政治教育工作网站，唱响主旋律，弘扬正气，传播先进知识。据统计，目前已有超过70%的高校建立了专门的思想政治教育网站，为学生提供了丰富的先进文化资源。

2. 平等性原则

平等性原则强调在互联网思政教育中，教师与学生之间地位平等、机会平等、交流平等。在传统的思政教育模式中，教师往往处于主导地位，而学生则相对被动。但在互联网环境下，这种关系发生了转变。教师和学生可以通过网络平台进行更加平等的交流和互动。彻底改变了传统的课堂信息获取模式，所以在"互联网+"时代，师生间的界限已不再泾渭分明。在互联网思政教育中，教师不再是绝对的权威，学生也不再是单纯的接受者。例如，在网络课堂中，学生可以随时提出自己的观点和疑问，教师则给予回应和引导，这种互动方式体现了地位的平等。双方可以在平等的基础上进行对话和讨论，共同探讨思政问题。过去单向倾斜的师生关系正在被打破，一种新的双向平行、平等互动的师生关系正在形成。

3. 疏导性原则

思政工作是在了解人、尊重人的基础上，通过激励人，以达到凝聚人的目的。在实际的思政教育中，应当把理论知识与学生实际生活结合起来，丰富其形式，达到预期的目的。在"互联网+"思政课教育教学工作中，需要遵守一条重要原则——疏导性原则。

生于互联网时代，大学生习惯于在社交媒体构筑的虚拟世界里寻找意见的共鸣，但在线与人互动与现实生活中的互动大不相同，在网络社会，一切都呈开放状态，学生更倾向于从网络环境中获得归属感和认同感，而体现着不同意识形态、价值观念的信息在网络大行其道，网络内容丰富复杂、良莠不齐，学生思想状况就更容易受网络环境影响。又如，互联网为人们搭建了一个利弊共存的空间，虽然互联网为大学生搭建了通往广阔知识世界的桥梁，但互联网技术的发展也使网络成瘾程度较深的学生，更难有效地组织自己的学习。再如，在当今自媒体盛行的时代，抖音、快手等新媒体可以迅速收发短视频和消息，遇到网络舆情时，大学生更容易对网络上铺天盖地的负面思维形成偏听偏信的状态。怎样才能够对网络舆论的发展规律有所了解，怎样让学生详细了解虚假信息、恶意攻击、网络暴力等网络舆情现象的危害，怎样才能有效应对网络舆论危机，以上都是"互联网+"思政课教育教学过程中必须考虑和解决的问题。如果对以上甚至更多可能出现的问题提前筹划，预先想到应对方式，那么互联网与思政课教育教学的融合便会更加顺畅。因此，"互联网+"视域下的思政课教育教学工作既要对思政教育本身的强烈目的性加以肯定，又要对网络传播过程中的各种问题加以考虑和解决，把握其中的规律。只有坚持疏导性原则，充分利用网络优势，聚焦于培养青年大学生的网络素养，减少网络负面影响的侵扰，才能踏踏实实、一步一个脚印地实现"互联网+"思政课教育教学的实效。

4. 及时性原则

及时性原则在思政教育中至关重要。在新媒体时代，信息传播速度极快，大学生能够迅速接触到各种思想和观念。思政教师必须具备敏锐的洞察力，主动发现学生在思想上可能出现的问题，并及时采取措施加以解决。例如，当社会上出现重大事件或热点话题时，思政教师应迅速反应，引导学生正确看待这些事件，避免学生受到不良思想的影响。及时性原则还要求思政教师积极主动地与学生沟通交流，了解他们的思想动态和需求。通过社交媒体、网络论坛等渠道，思政教师可以及时掌握学生的关注点和困惑，为有针对性地开展思政教育提供依据。例如，某高校思政教师通过建立班级微信群，定期与学生交流互动，及时解答学生的问题，受到学生的广泛欢迎。

5. 建设性原则

建设性原则要求思政工作网站讲究完整性、积极性与主动性。一是讲究完整性，即网络信息应具有全面性和客观性。高校思政工作网站应涵盖丰富的思政教育内容，包括马克思主义理论、中国特色社会主义思想、党的路线方针政策等，为学生提供全面客观的知识体系。例如，某高校思政工作网站设置了多个板块，包括理论学习、时事热点、榜样风采等，全面展示思政教育的各个方面。二是讲究积极性，即网络信息应是积极向上的，正面引导的信息应能阻挡、抵消消极信息。高校思政工作网站应发布积极向上的内容，引导学生树立正确的价值观。例如，在抗击疫情期间，许多高校思政工作网站发布了抗疫英雄的事迹，激发学生的爱国情怀和社会责任感。三是讲究主动性，即网络应保持教师的主动地位，及时主动发布信息，主动应战各种不良信息。高校思政教师应密切关注网络动态，及时发布正确的信息，引导学生正确看待各种问题。例如，当网络上出现不良思潮时，高校思政教师可以通过网络平台及时进行引导和批驳，维护良好的网络环境。

6. 前瞻性原则

在"互联网+"时代，科技发展日新月异，社会变革不断加速。教师只有遵循前瞻性原则，才能及时了解和掌握最新的教育技术和理念，将其融入教学中，使学生更好地适应未来社会的发展。前瞻性原则要求教师在"互联网+"教育的背景下，能够以长远的眼光、敏锐的洞察力和创新的思维，提前预判教育发展的趋势和学生的需求，积极主动地调整教育策略和方法，为学生的未来发展做好充分准备。这就要求在"互联网+"思政课教育教学中不一味地迎合学生的需求，对于一些价值观不正确的热门事件需要及时纠正，也就是说要立足于现实又要超越现实。在当前社会条件下，具有前瞻性的思想显得尤为重要。互联网的技术性革新与社会性变革给大学生主流意识形态引领力提升提供了巨大机遇的同时，也带来了多重困境。移动互联时代信息洪流中潜藏的各种意识形态，尤其是非主流意识形态给他们造成了巨大冲击。部分西方资本主义国家打着多元化意识形态的幌子，通过各种途径，持续传播渗透西方意识形态，给我国意识形态工作带来干扰和阻碍，增加高校意识形态工作的难度。强化网络文明教育，提高大学生的网络文明素养，是应对混杂网络信息挑战的必然要求。这就需要教师与学生加强交流和互动，了解学生的思想动态和需求，为学生提供更加贴心的教育服务。教师还要不断创新教育方法和手段，提高教育的质量和效益。同时，教师还可以通过大数据分析等技术，了解学生的学习情况和需求，为教学提供更加精准的指导，提高教学的针对性和实效性。

7. 综合性原则

综合性原则强调将多种不同类型的单一方法整合起来，形成更具适用性和针对性的创新方式。在高校思政教育中，各种方法虽然类型不同，但相互间具有紧密的关联，不存在明显的冲突。例如，课堂教学、社会实践、网络教育等方法可以相互结合，共同发挥作用。

课堂教学是思政教育的重要阵地，教师可以通过讲授理论知识、组织讨论等方式，引导学生树立正确的世界观、人生观和价值观。同时，社会实践活动可以让学生将理论知识与实际相结合，增强他们的社会责任感和使命感。此外，网络教育可以利用新媒体平台，为学生提供丰富的学习资源和互动交流的机会。例如，部分高校在思政课教学中，不仅组织学生进行课堂讨论和案例分析，还安排学生参加社会实践活动，如志愿者服务、社会调研等。同时，还可以利用网络平台，开设在线课程、组织网络讨论等活动，丰富了思政教育的形式和内容。

综合性原则还要求思政教师根据学生的特点和需求，灵活运用各种方法，因材施教。对于不同专业、不同年级的学生，可以采用不同的教育方法和手段，提高思政教育的针对性和实效性。例如，对于理工科学生，可以结合他们的专业特点，通过讲解科技创新中的伦理道德问题，引导他们树立正确的价值观；对于文科学生，可以通过组织文学作品赏析、历史文化讲座等活动，培养他们的人文素养和社会责任感。

总之，在"互联网+"时代，高校思政教育需要不断适应新的形势和挑战，积极探索创新，树立前瞻性原则，以更好地培养学生的正确价值观和道德素养，为国家和社会培养合格的建设者和接班人。未来，随着技术的不断发展和教育理念的不断更新，高校思政教育有望在困境中不断突围，实现新的发展和突破，促进思政教育的实效性，实现互联网和思政教育课达成共赢。

（二）"互联网+"时代高校思政教育的方法

1. 慕课

慕课是网络时代的产物，在高校思政理论课的发展中占据举足轻重的地位。慕课教学即"大规模在线开放课程"，作为当前一种流行的教学模式，它集合了网络远程教育的优点，能多方面、多角度、多元化满足广大学生对不同教育的需求。在这一平台上各高校思政课教师可以发布优质的高校思政理论课资源，不断完善不同门类的思想政治理论课精品课程建设，实现优质教育资源的全球共享。各高校之间可以学习彼此的先进经验，优势互补，互相促进，共同促进思想政治理论课的高质量发展和跨越式进步。在"互联网+"的时代背景下，慕课凭借其学习自主性、信息多样性、方式灵活性等优势给高校思政教学带来了新的机遇。

当前，我国建立了教育部在线教育研究中心，诞生了包括学堂在线、中国大学慕课、慕课网、酷学习等在内的一批中文慕课平台，并相继开设了若干门课程，并取得了良好的社会影响。慕课平台上的思政课程资源丰富多样，包括马克思主义基本原理、毛泽东思想和中国特色社会主义理论体系概论、思想道德修养与法律基础等。这些课程资源不仅涵盖了思政教育的核心内容，还结合了当前社会热点问题和学生实际需求，使教学内容更加丰富、生动、有趣。慕课教学模式采用了多种创新的教学方法，如翻转课堂、混合式教学等。这些教学方法打破了传统课堂教学的时空限制，使学生能够更加自主地进行学习。慕课平台汇聚了国内外众多名校的优质课程资源，学生可以足不出户就能聆听名校名师的精彩授课。这些课程资源不仅具有较高的教学质量和学术水平，还能拓宽学生的视野，让学生接触到不同的教学风格和学术思想。学生可以及时获取最新的知识和信息，保持学习的前沿性和时效性。思政教学的第一课堂为学生的理论知识储备打下良好基础。但是，在全民提倡素质教育的当下，新时代大学生不仅要将知识的学习停留在理解的层次，还需要打开思路和眼界，进一步内化吸收，从深度、广度层面收获更多知识和经验，引导学生树立正确的人生观、价值观，不断强化其理想信念，提升民族意识和责任意识。

随着科技的不断发展和知识的不断更新，慕课课程也在不断更新和完善。通过在线上定时更新慕课内容，通过生动形象的图片视频进行思政内容讲解，伴随随堂小测验，让学生与教师共同在线讨论和答疑解惑。思政课教师还可以通过 QQ、微博及微信等多种方式共享慕课视频，实现思想政治教育随时、随地可学。此外，慕课平台还提供了丰富的教学评价方式，如在线测试、作业提交、讨论参与等。教师可以通过这些评价方式及时了解学生的学习情况和掌握程度，对教学进行调整和改进。总之，慕课激发了教育领域的新变革，有效促进大学生思想政治教育，更有效地实现思政课的价值。

2.动画应用

随着现代化科技时代的到来，互联网及智能手机的普及对高职院校日趋成熟的信息化教学建设起到了极大的助力作用。动画作为集数字媒体艺术、影视艺术、绘画艺术等多元素为一体的形式，融合声效、音乐、动画、视频以及各种有趣的界面为一体，深受广大青年学生的欢迎和喜爱。一味地进行灌输和模仿式教学会使学生缺乏想象力和创新精神，而动画以其生动的画面、丰富的色彩和有趣的情节，能够极大地增强思政课的吸引力和趣味性，可以有效改变学生的审美疲劳、兴趣索然等问题，充分应用动画形式，可以将抽象的理论知识转化为具体的形象，帮助学生更好地理解和记忆思政课的内容，使学生回归课堂，打通师生之间沟通障碍，提升政治课堂的吸引力。

在高校思政课教学中，动画的应用具有重要的价值和意义。教师要充分认识到动画的优势，合理选择和制作动画作品，适度使用动画进行教学，引导学生进行思考和讨论，结合实际生活进行教学，以提高思政课的教学效果。这也给思政课教师提出了新课题，思政课教师需要尽可能提高自身动漫动画制作水平，将思政课讲授内容转化为动漫形式，制作一些经典的动画动漫视频短片，在课堂上适时进行播放，增强授课效果。在课堂讲授中，教师可以适时播放动画片段，以引出教学主题、解释重点难点内容或活跃课堂气氛。目前各大官方媒体都建立了自己的视频号，教师可以通过在 B 站等视频网站搜集权威账号发布的动漫视频，能够极大避免视频中存在的政治性、知识性差错，并为学生提供更为有趣、生动的知识拓展。例如，在讲解"思想道德与法治"课程时，教师在讲课过程中，可以尽可能地挖掘动漫元素与理论教学相结合的通路，适时将动漫视频引入课堂，这样学生可以非常形象、通俗地了解马克思主义信仰、中华传统文化、中国精神、中国共产党精神谱系、社会主义核心价值观、中华传统美德、社会主义法治等相关内容，充分吸引学生的眼球。同时，动画也可以与其他教学手段相结合，如讲授、讨论、案例分析等，丰富教学形式，提高教学质量。随着互联网的发展，网络教学已成为思政课教学的重要组成部分。思政课动画可以上传至网络教学平台，供学生自主学习和观看。学生可以在课余时间通过网络观看动画，进行自主学习，提高学习效率。

3. 微作品

在"互联网+"时代，微作品确实成为重要产物，为各个领域带来了诸多变革与创新，在思政教育领域也不例外。微作品通常篇幅较短，能够在短时间内传达核心信息。无论是微视频、微小说还是微漫画，都能以简洁的形式吸引受众的注意力，适应快节奏的生活方式和碎片化的阅读习惯。对于思政教育而言，微作品可以在有限的时间内聚焦一个特定的主题或观点，使学生更容易理解和接受。当前，思政课实践教学创新也可以采用这一形式，通过"微制作""微宣讲""微视频""微电影""微推文"等学生可操作、感兴趣、易把握的实践教学方法，使大学生在各种活动中展现自我，由被动参与转为主动创作。微作品往往具有较强的互动性，受众可以通过评论、点赞、转发等方式与创作者和其他受众进行交流和互动。在思政教育中，这种互动性可以促进学生的思考和讨论，增强他们的参与感和主动性。教师可以根据学生的反馈，及时调整教学内容和方法，提高教学效果。在达到知识学习目标的同时，创造出自己的微型化成果，有效提升自我认知能力和价值认知。

以短视频为例，随着通信技术的快速发展，目前网络已经升级到了5G使用模式，抖音、快手、火山小视频等短视频App的广泛应用，使短视频的发展如火如荼，短视频也成为连接课堂教学、实践教学、网络教学的重要活动载体。在实践教学中，教师可根据教学内容精心设计短视频主题，组织学生创作、拍摄、制作短视频，将短视频上传到微信朋友圈、各大视频网站、抖音、快手、小红书等网络平台进行分享，通过受众反馈广泛传播思想政治理论内在意涵，并将点赞量和评论反馈作为考核成绩的一项指标，激发学生的创造力。微作品的内容质量直接关系到思政教育的效果。因此，在选择和使用微作品时，要注重内容的准确性、思想性和艺术性。确保微作品传递的信息积极健康、符合社会主义核心价值观。教师可以对学生制作的微作品进行指导和审核，提高作品的质量和水平。再将优秀短视频作为教学案例运用到课堂教学中，教师可以引导大学生更直观地去看待和了解历史事件，潜移默化地使学生增强家国情怀；通过短视频实践活动的开展，使大学生在拍摄制作短视频的过程中理性地思考现实问题，通过实践过程发现自身优势与不足，善于运用所学的真理去分析、解决实际问题。以"思想道德与法治"课为例，为切实启发广大学生对社会主义核心价值观的理解和重视，教师在实践教学过程中，可以组织学生围绕社会主义核心价值观 12 个中心词，自由选取他们感兴趣且能够完成的词作为拍摄主题，运用不同拍摄手法和呈现方式，如角色扮演、情境再现、个人讲解等集中展现凸显社会主义核心价值观的相关内容，对于一些优秀的作品，教师可以引导其上传到校园网或微博、微信等，加大宣传力度，引发共鸣。除了课堂教学，微作品还可以通过网络平台、社交媒体等渠道进行传播，拓展思政教育的空间和范围。学生可以在课余时间通过手机、电脑等设备随时随地观看微作品，进行自主学习。同时，学校和教师也可以利用微作品开展线上思政教育活动，如微作品大赛、主题讨论等，增强思政教育的吸引力和影响力。

三、坚守网络思政主阵地的铸魂育人新途径

目前，随着新兴信息传播媒介的产生和复杂的国内国际环境变化，高校意

识形态教育工作专业化水平较低的问题日益凸显。随着科技和互联网的发展，如何利用新媒体创新高校网络思想政治教育、开展校园网络文化建设、提升网络育人质量已成为当下重要而紧迫的时代课题。

（一）建立"互联网＋"日常思政课教育教学

随着信息技术的飞速发展，互联网已经深入到人们生活的各个方面，对大学生的思想观念和行为方式产生了深远影响。思政课在培养学生社会主义核心价值观方面发挥着重要作用。社会主义核心价值观是当代中国精神的集中体现，凝结着全体人民共同的价值追求。思政课作为落实立德树人根本任务的关键课程，是培育社会主义核心价值观最直接、最有效、最有力的主渠道。

要高度重视传播手段建设和创新，提高网络意识形态工作的传播力、引导力、影响力、公信力[①]。首先，教师要提高自身的网络素养。思政课教师应紧跟时代步伐，熟悉网络语言和网络文化，了解网络舆论的特点和规律。只有这样，教师才能更好地与学生进行沟通和交流，及时发现学生在网络上的思想动态，并给予正确的引导。例如，教师可以通过关注学生常去的网络平台、社交媒体等，了解他们的关注点和兴趣点，从而有针对性地开展网络舆论引导工作。其次，将网络舆论热点引入课堂教学。教师可以选取一些具有代表性的网络舆论事件，如重大新闻事件、社会热点问题等，作为教学案例引入思政课课堂。通过对这些事件的分析和讨论，引导学生正确看待网络舆论，提高他们的辨别能力和批判性思维。例如，在讲解社会主义核心价值观时，可以结合网络上的正能量事件，如抗疫英雄的事迹等，让学生深刻体会核心价值观的内涵和价值。最后，加强与学生的网络互动。思政课教师可以利用互联网平台，如微

[①] 决胜全面建成小康社会夺取新时代中国特色社会主义伟大胜利：在中国共产党第十九次全国代表大会上的报告［Z］.新华网，2017-10-27.

信公众号、微博等，与学生进行互动交流。教师可以发布一些有价值的思政教育内容，引导学生进行讨论和思考，及时解答学生的疑问和困惑。同时，教师还可以组织学生开展网络主题活动，如网络征文、网络演讲比赛等，激发学生的参与热情，提高他们的网络素养和思想政治素质。

（二）完善"互联网＋"思政教育教学体系

随着互联网技术的迅猛发展，信息的传播范围和传播速度显著提升。因此，高校思政课程应当充分利用"互联网＋"提供的便利，在已有教学内容的基础上，利用技术手段获取海量信息资源，紧跟时代热点，不断加强优质思政教育资源建设，从而构建一套更加完善的思政教育教学内容体系。高校思想政治教育工作要有新的活的内容，必须贴近大学生的日常学习和生活。在"互联网＋"视域下，高校思政教师可将大学生感兴趣、与大学生息息相关的教学资源融入教育教学过程中，利用社会热点事件、优秀青年代表故事等具体事例去阐释理论内容，以小故事讲述大道理，拉近教学内容与社会实践之间的距离，引导学生深入理解课程知识。网络时代为我们带来了更多打破传统的授课方式，高校思政课教师要充分利用互联网新媒体开展有效的高校思想政治教育。例如，有效推动新时代中国特色社会主义思想学习的学习强国平台，利用视频、问答题还有互动等多种形式，将理论、党史、人物、文化、文艺等一对多地广泛传播到全国，让青年能随时随地学习新思想，吸引学生的兴趣，增加了学生的讨论热情。另外，教师应转变观念，拓宽思政课程教学内容。将学生放在教育教学的主体地位，建立和形成充分发挥学生主体性的多元化教学方式，从学生的需求出发，探索多种教学方式，充分发挥学生的主观能动性，以激发学生的学习积极性，提高思政教学的知识承载力。

（三）打造"互联网+"意识形态教育新天地

随着互联网技术的飞速发展，信息传播的速度和范围不断扩大，意识形态教育对学生价值观的塑造起着关键的引导作用。高校要充分发挥微平台及时、便捷、互动、短小、活泼、精悍等特点，抢占舆论制高点。例如，从"讲校园好故事"入手，将学校的宣传工作带入创新局面。高校要全面加强校园网络舆情监控，使网络成为弘扬主旋律，开展思政课教育教学的重要手段。利用微信、QQ 等沟通媒介，创设微思政环境，使网络思政育人的内容紧扣时代主题、贴近学生生活，对大学生进行教育和引导，深挖思政元素，不断拓宽思政教育的渠道。打造"互联网+"意识形态教育新天地，需要一支高素质的教育师资队伍。教师要不断提升自己的互联网素养和教育教学能力，掌握网络教学的方法和技巧，能够有效地运用互联网开展意识形态教育。同时，要加强对教师的培训和交流，提高教师的整体水平。马克思主义学院应有专人负责管理和维护校园网络教学平台。要适时上传各种教学资源，如思想政治理论课的优秀教学课件、教学视频、拓展资料、阅读书目、实践教学主题、实践教学相关文件和表格、习题试题等，并注意更新维护。教师要根据教学需要进行网上备课、网上教学、发起主题活动、批改作业、登载成绩等。开发融思想性、知识性，趣味性、服务性于一体的主题教育的小程序，利用好校园官方微博和公众号，及时传播党的最新理论政策，弘扬新时代中国精神，积极开展生动活泼的网络思政课教育教学活动，让网络思政育人更接地气、更有温度、更有感染力，形成网上网下思政课教育教学的合力。

（四）拓展"互联网+"全球视野

在全球化的背景下，培养具有全球视野的新时代大学生是高校思政教育的重要任务。利用"互联网+"的优势，拓展思政教育的全球视野。一方面，引入国际先进的思政教育理念和方法，与国内的思政教育实践相结合，丰富教学内容和形式。例如，学习国外高校在网络思政教育、跨文化交流等方面的成功经验。另一方面，通过网络平台开展国际交流与合作，让学生与来自不同国家和地区的学生进行交流和互动，了解不同文化背景下的思政观念和价值取向。例如，组织国际在线研讨会、开展跨国合作项目等，培养学生的国际视野和跨文化交流能力。同时，积极传播中国优秀的传统文化和社会主义核心价值观，提升中国在国际上的文化影响力和话语权。

（五）开发"互联网＋"智能化教学工具

随着人工智能技术的不断发展，开发智能化的思政教学工具将成为未来的重要方向。例如，利用人工智能算法为学生提供个性化的学习建议和资源推荐。通过分析学生的学习行为和偏好，系统可以自动推送适合他们的思政学习内容，包括文章、视频、案例等。据相关数据显示，个性化推荐能够提高学生的学习兴趣和参与度，使学习效果提升约30%。同时，开发智能辅导系统，为学生提供实时的答疑和指导，帮助他们更好地理解和掌握思政知识。此外，利用虚拟现实（VR）和增强现实（AR）技术，创造沉浸式的学习体验，让学生身临其境地感受历史事件和思政场景，增强学习的感染力和吸引力。

总之，"互联网＋"时代需要思政课教育教学的不断创新，需要教师深刻把握信息网络时代政治工作的特点和规律，不断追踪学生思想动态，实施大学生新生入学教育、新生适应教育、创新创业教育和成长成才教育，建立师生移动互联，将思政课教育教学更好地与网络技术有机融合，全力打造"互联网＋"思政课教育教学新形态，使思政课教育教学达到润物细无声的效果。

第六章

高校思想政治理论课实践教学考评体系建设

思政课教育目标在于培育出一个高品质、高素质的人才，而社会在重视人才的技能的同时也最为重视人才的品德，因此，高校思政课实践教学是我国思政课教学的重要组成部分，其教学效果关系到国家意识形态安全与社会的稳定，建设完善的思政课实践教学考核评价体系是高校思政课提高教学实效性的内在要求。

一、思想政治理论课实践教学考评概述

（一）高校思想政治理论课教学考核评价的必要性

随着时代的发展，新时代对高校思想政治理论课提出了更高的要求。在新时代背景下，大学生的思想观念更加多元，获取信息的渠道更加广泛，传统的考核方式难以全面、客观地反映大学生的马克思主义理论素养和道德品质。因此，探索更加科学、有效的高校思想政治理论课教学考核评价方式迫在眉睫。只有构建符合新时代要求的考核评价体系，才能更好地担负起大学生人生观

价值观的教育责任，引导大学生在学习和生活中作出正确的价值判断和行为选择。

1. 有利于规范管理实践教学活动

建立良好的实践教学考核评价体系，是提升思想政治理论课实践教学实效的内在要求，一套全面客观的考核评价体系能够最大化推动实践教学活动的有序展开。针对本校的实际情况，建立和健全教学评价体系，制定科学规范的评价指标，使管理者在监控和评估的过程中能够有章可循。思政课教师可以根据考核评价体系倒推实践教学的每一环节是否合理，能够更好地根据要求展开工作，制定教学目标和教学计划，带动学生在规范化的场域和计划下有条理地进行实践教学活动。

首先，马克思主义学院对思政课科学合理的考核评价体系能够加强对教师的教和学生的学两方面的监控，规范教师编写教学大纲、设置教学目标、创新教学内容等行为，同时也规范学生提高出勤率、端正学习态度等行为，客观公正地判定学生的实践成绩，提高教学质量。其次，有利于推进思想政治教育课程建设。完善的考核评价体系为实践教学活动提供明确方向和标尺，有助于解决实践教学目的不明确、学生参与度不高、教学形式简单陈旧等问题。最后，有利于提高思想政治教育的实效性。传统考核方式存在成绩构成不合理、重视期末考试而忽视平时表现等不足，难以实现学生成长与思政课教学目标同向而行。而全过程考核注重多元考核，将平时成绩、实践成绩、期末考试成绩统筹起来，有利于调动学生课堂学习的主动性和积极性，最大程度反映学生的真实水平，提高思政课教学的实效性。

2. 有利于调动师生的积极性

精准科学的考核评价体系，是包含品德修为、学习成果、师德修养、动手能力、协作能力、团队意识、审美素养、劳动素养、专业水平等各项评价指标在内的。考核评价为教师提供了清晰的教学目标和方向指引。良好的考核评价结果是对教师教学工作的认可和肯定。当教师看到学生在自己的教导下取得优异的成绩、思想政治素质得到明显提升时，会产生强烈的职业成就感。这种成就感会激励教师更加热爱教学工作，投入更多的时间和精力去提升教学质量。考核评价也为教师的职业发展提供了有力支持。在高校中，教学考核评价结果通常与教师的职称评定、评优评先等挂钩。优秀的考核成绩可以帮助教师在职业发展中获得更多的机会和资源，进一步激发教师的工作积极性和创造性。

考核评价能够让学生明确学习目标和要求，从而激发他们的学习动力。学生知道自己的学习成果将通过考核来检验，就会更加认真地对待课程学习。例如，在"马克思主义基本原理概论"课程中，学生了解到考试的范围和重点后，会有针对性地进行复习和预习，积极参与课堂讨论和课后作业，以提高自己的学习成绩。竞争机制促使学生努力学习。考核评价通常会设置一定的等级或排名，这会在学生之间形成一种竞争氛围。学生为了在竞争中取得好成绩，会更加努力地学习，不断挑战自我，提高自己的学习能力和综合素质。

考核评价结果为学生提供了自我反思和自我提升的机会。学生通过查看自己的考核成绩和教师的评价意见，能够清楚地了解自己在学习中的优势和不足。例如，如果发现自己在论述题中的答题思路不够清晰，学生可以有针对性地进行逻辑思维训练；如果在实践考核中表现不佳，学生可以积极参加社会实践活动，提高自己的实践能力。奖励机制激励学生积极进取。高校通常会对在思想政治理论课学习中表现优秀的学生进行奖励，如颁发奖学金、荣誉证书等。这些奖励不仅是对学生学习成果的肯定，更是一种激励，促使学生更加努力地学习，不断追求进步。

3. 有利于对实践教学进行有效指导

考核评价体系为实践教学设定了明确的目标导向。通过对实践教学成果的考核，可以清晰地传达出实践教学应达到的具体要求。例如，在"中国近现代史纲要"的实践教学中，考核评价可能包括对学生实地参观历史遗迹后的感悟报告、历史主题调研成果等方面的评估。这使得教师和学生都明确知道实践教学不仅仅是形式上的参与，而是要在实践过程中深入理解历史、感悟历史，培养爱国主义情怀和历史责任感。这种明确的目标有助于学生在实践活动中有针对性地去探索和思考，提高实践教学的质量。

考核评价要求教师对实践教学进行精心设计和组织。教师需要考虑实践教学的内容、形式、实施步骤以及考核方式等各个方面，以确保实践教学能够顺利进行并达到预期效果。例如，在组织学生进行社会调查实践时，教师要明确调查的主题、方法、流程以及报告的要求，同时还要考虑如何在实践过程中引导学生运用所学的思想政治理论知识去分析和解决实际问题。

教师在实践教学过程中需要对学生进行有效的指导和监督。考核评价促使教师关注学生的实践表现，及时给予反馈和建议，帮助学生更好地完成实践任务。例如，在学生进行志愿服务实践时，教师可以定期与学生交流，了解他们的实践感受和遇到的问题，指导他们如何在服务中体现社会主义核心价值观。

（二）高校思政理论课实践教学考评体系建构的原则

为了更好地发挥思政理论课实践教学评价体系的激励和导向功能，实现实践教学评价效益最大化，达到实践教学目标，应遵循以下建构原则。

1. 发展性原则

思想政治教育要最终实现立德树人、促进学生全面发展的目标，必须把发展性原则放在首位。评价的主要目的是为了促进发展，通过评价可以了解到事物、活动和参与者的优势、经验以及不足之处,以便加以改进和提高。首先,要基于学生过去、立足现在、着眼未来,关注学生的终身学习和长远发展,帮助学生获得适应未来社会发展的关键品格和必备能力。其次,要注重知行合一,把学生对理论知识的掌握情况和在实践活动中展示出的各种技能进行综合评价,以实现知识、行为互相促进的教学目的,真正让学生在实践教学中获得理论指导实践、实践检验理论的效果。同时,发展不仅是学生的发展,还包括教师的发展、课程的发展、学校的发展、基地的发展等,只有各个方面都兼顾,才能真正实现思想政治理论课教学的全面协调可持续发展。

2. 整体性原则

实践教学是思政课的必要组成、重要环节和有效延伸,是对课堂理论教学的有效补充。实践教学不是一个独立的环节,离不开正确的理论指导,不能脱离第一课堂而独立存在,它开展的目的是为了促进知识的内化吸收和行为转化。在实践中实现对马克思主义做到真学、真懂、真信、真用,在实践中洞悉社会、认知自我,提高自身综合能力,以更出色的姿态拥抱社会,进而增强对马克思主义的信仰、对中国特色社会主义的信念和对中华民族伟大复兴的信心。整体性原则就是要改变以往思想政治理论课单一、片面的评价体系,建立促进学生全面发展的综合性整体评价体系。不仅重视对结果的考核评价,更重视对学生实践过程的考核评价;不仅重视考核理论知识的把握,更重视实践能力的评价,包括理想信念、团队协作能力、创新思维、分析解决问题的能力等等。同时要考核学生在学习过程中和实践过程中形成并具备的世界观、人生观、价值观,以及人格、品德、素养。

3. 多样性原则

随着社会的快速发展和教育的全面进步,素质评价的实施推动了教育方式的转变，注重培养学生的能力和素质。评价方式和手段直接影响学生的参与积极性和评价目标的达成，并最终影响实践教学的成效。传统的单一式评价体系容易引发教育焦虑，增加学生的心理压力，不利于其身心健康。而多样化评价方式的优势在于引入不同的评价指标和方法，可以更充分地评估学生的各个方面能力。多样性原则指的是评价方式应具有多样性，可以从多视角、多渠道对学生进行评价。要实现评价方式和手段多样化，需要做到包括将定性和定量评价方法相结合，将智力因素和非智力因素评价相结合，将过程评价和结果评价相结合，定性与定量相结合，充分关注学生的个性差异，发挥评价的激励作用，保护学生的自尊心和自信心，以全面、客观地反映学生的能力和潜力。

4. 双主体原则

双主体原则是指在某个活动或过程中，存在两个主要的参与主体，这两个主体在活动中相互影响、相互作用、相互促进。思想政治理论课实践教学要真正发挥学生为主体、教师为主导的"双作用"。既要改变过去"一言堂、满堂灌"的教学方法，确立学生的主体地位，改变教师是课堂主角的现象，把课堂还给学生；又要合理组织和安排教学活动，确保教学的连续性和紧凑性，体现教学的目的性和计划性，这就需要坚持教师与学生的双主体原则，把考核过程看成师生间、学生间传递信息的互动过程和情感交流的合作过程。在学生积极发挥主观能动性的基础上，形成学生自评、互评以及教师评价相互结合的评价机制与氛围，真正实现增强思政课的实效性。

5. 实效性原则

教学的本质是一种学习活动，其根本任务是促进学生的发展，教师教学活动是否有效，取决于学生是否有效地学习。近年来，高校思想政治理论课实践教学评价体系取得了一定的实际效果，但在实际操作过程中，遇到的干扰因素较多。在具体的教学评价建设中，必须建立学生学习状态评价、教师教学行为评价、教师基本功评价三位一体的评价模式，并建立完备的评价体系，确定评价的目的、内容、方法、标准等；建立完善的评价机制，开展有效的评价活动；加强评价的实施，确保评价活动的有效性；根据评价结果，发现学生在操作过程中的共性和个性问题以及操作"短板"，并及时予以解决，及时采取有效的改进措施，改变只重视实践轻视理论指导的状况，提高教学质量，促进思想政治理论课教育教学效果的强化。

6. 可操作性原则

评价的可操作性是指评价结果要可行、可接受、可操作。评价结果应当具有实际操作的意义，有助于指导教师的教学实践。评价结果要明确、具体，以便教师理解和接受。评价要给出具体的建议和改进意见，为教师提供有针对性的指导和支持。同时，还要从学生的实际出发，即实践评价内容、方式、标准等符合学生的认知能力。需要注意的是，教学评价的具体方法和工具应该简单易行，便于实际操作和实施。

7. 从实际出发原则

每所学校的办学特色都有所不同，基础设施、学生来源、师资力量、教育环境、软硬件条件等方面也都存在差异，只有充分考虑这些差异性，因时、因势、因地、因校施教才能实现实践教学的效果。因此，在实践教学考评体系的建构过程中，要在学习和借鉴他人优秀成果的基础上，结合本校的实际情况，把准本校优势学科建设，找到与思政课实践教学的最佳结合方式，联系学校所在地的优秀教学资源和环境特色，把潜在的优势变为显性的优势，充分考虑和分析影响实践教学效果的因素，探索出独具本校特色的实践教学评价模式，实现"一校一特色"。

（三）高校思想政治理论课教学考核评价机制存在的问题

就目前的思政实践课程教学考评体系构建来看，主要存在下列几点问题。

1. 考核评价忽视学生主体地位

实践教学考核评价往往以教师为中心制定标准，侧重于对学生知识掌握程度和实践成果的量化评估。例如，主要以实践报告的字数、格式规范以及是否涵盖特定的理论知识点等作为评判依据，而忽视了学生在实践过程中的主观体验、创新思维和个体差异。这种单一的评价标准难以全面反映学生在实践中的真实表现和成长，不能充分激发学生的积极性和主动性。实际上，课程评价本质是一种价值判断活动，同一课程的评价，评价主体的价值观不同，所依据的评价标准就不同，评价的结果也不同[①]。传统的考核评价方式通常是教师单方面对学生进行评价，学生处于被动接受的状态。例如，教师在批改实践报告或评定实践成绩时，很少征求学生的意见和建议，也没有为学生提供表达自己观点和反思实践过程的机会。目前高校普遍存在过度依赖考试成绩进行评价的现象，对学生的综合素质评价不够全面和科学，难以准确反映学生的真实能力和潜力。当学生感到自己在实践教学考核评价中处于被动地位，自己的声音和需求得不到重视时，会对实践教学产生抵触情绪。例如，学生可能会认为实践活动只是为了完成任务而敷衍了事，缺乏真正的投入和热情。这将极大地降低学生参与实践教学的积极性和主动性，影响实践教学的效果和质量。

缺乏互动的评价方式使得学生无法参与到评价过程中，难以对自己的实践表现有更深入的认识和理解，也不利于学生自我价值的实现和自我发展的促进。这样的考核评价方式不能有效反映教师的课程教学质量，也不能反映学生

---

① 陈洪涛.高校思想政治理论课评价论［M］.北京：中国社会科学出版社，2011：125.

的真实学情，在构建相应的考评体系上缺乏有效措施，导致整体的考评规范化不强。

忽视学生主体地位的考核评价无法充分考虑学生的个性特点和兴趣爱好，不利于学生发挥自己的优势和特长。例如，在实践教学中，有些学生可能在团队协作方面表现出色，有些学生则在问题分析和解决上有独特的见解，但单一的评价标准可能无法体现这些差异。同时，缺乏学生参与的评价过程也难以鼓励他们的创新思维和实践探索，阻碍了学生创新能力的培养。

当学生在考核评价中被忽视时，他们可能会对教师产生不满和不信任，影响师生关系的和谐。例如，学生可能觉得教师不了解他们的实际情况和努力，从而对教师的教学产生质疑。不良的师生关系会进一步影响教学效果，使学生在思想政治理论课的学习中缺乏动力和热情，难以实现教学目标。

为了避免实践教学考核评价中忽视学生主体地位的问题，高校应积极探索多元化、互动性的考核评价方式，充分尊重学生的主体地位，激发他们的参与热情和创新能力，提高思想政治理论课实践教学的质量和效果。

2. 考核评价内容不够全面

目前的实践教学考核评价往往过于注重学生对理论知识的掌握程度，例如，通过考查学生在实践报告中对特定理论知识点的阐述是否准确、全面来评判成绩。然而，对于学生在实践过程中所展现出的实际能力，如沟通能力、团队协作能力、问题解决能力等却关注不足。这种重知识轻能力的考核评价方式无法真实反映学生的综合素质和实践能力，也不利于培养适应社会发展需求的应用型人才。

目前对于学生实践教学成绩的评定，一般是由任课教师采用一次终结定性评价，会导致过于关注学生知识获得，轻视技能，忽视学生在学习过程与方法、情感态度、价值观等其他方面的发展，即教师只是根据学生上交的实践报告、实践作业等进行主观态度评价，却忽视了学生在整个实践过程中的品德发展、创新精神和实践能力等方面，而学生思想道德状况千变万化，哪些思想状况的变化是受思想政治理论课的影响，哪些是受外在环境或其他因素的影响，以及思想、价值观如何发展变化，这些都很难用确定的指标因子来衡量，也很难用科学的方法来测量[①]。

不全面的考核评价内容无法为学生提供全面的反馈，不利于学生了解自己的优势和不足，从而难以有针对性地进行自我提升。例如，学生可能在实践过程中表现出了很强的团队协作能力，但由于考核评价未涉及这方面内容，学生无法得到相应的肯定和鼓励，也难以进一步发展这一能力。长此以往，会阻碍学生的全面发展，使他们在知识与技能、过程与方法、情感态度价值观等方面存在短板。片面的考核既不能对学生进行创新思维和批判性思考能力的培养，也不能让教师全面掌握学生的思想状况变化。在实际的课程考评中，导致思政课实践教学活动的评价结果的表达与使用等方面都面临一些问题，考核缺乏实际的参考价值。

考核评价内容不全面会导致教师和学生在实践教学中只关注被考核的内容，而忽视其他重要方面。例如，教师可能会因为考核重点在知识掌握程度上而在教学中过于强调理论知识的传授，忽视对学生实践能力和情感态度价值观的培养；学生也可能会为了迎合考核要求而只注重知识的记忆和结果的呈现，而不注重实践过程中的体验和成长。这样一来，实践教学的质量必然会受到影响，无法达到预期的教学目标。

---

① 陈洪涛.高校思想政治理论课评价论［M］.北京：中国社会科学出版社，2011：125.

思想政治理论课的实践教学是思想政治教育的重要组成部分，其目的在于通过实践活动让学生将理论知识内化为自己的思想和行为。然而，不全面的考核评价内容无法有效地检验学生在思想政治教育方面的成效，难以确保思想政治教育的深入开展。例如，对学生情感态度价值观的考核缺失可能导致学生在实践中虽然完成了任务，但并未真正在思想上受到触动和教育，无法实现思想政治教育的根本目的。

3. 考核评价忽视实践过程

在开展实践教学活动上，部分高校思政课实践教学仍停留在观看影视作品、经典著作，撰写观后感和读后感和参观当地红色基地等方式上。学校对实践教学的评价也只停留在结果性评价阶段，缺乏对实践过程的跟踪和测评。许多实践教学考核评价仅仅关注实践的最终结果，如实践报告的质量、实践成果的展示等。而对学生在实践过程中的表现，如参与度、努力程度、态度转变等方面缺乏有效的考核。实际上，实践教学的过程同样重要，学生在实践过程中的体验、思考和成长是实践教学的重要价值所在。如果只注重结果而忽视过程，学生可能会为了追求成绩而采取不正当的手段，而不是通过真正的实践和努力来提高自己的能力。这样一来，实践教学就无法达到培养学生综合素质的目的。

只重结果轻过程的考核评价方式容易导致学生为了追求好的成绩而只注重结果的呈现，忽视了实践过程中的学习和锻炼。当学生知道考核评价只看结果而不关注过程时，他们可能会对实践教学失去兴趣和积极性。因为他们觉得无论自己在实践过程中多么努力，只要最终的结果不理想，就无法获得好的成绩。这就会导致学生在实践活动中形成惰性，只将侧重点放在最终提交的书面表达上。这种情况下，学生可能会敷衍了事地完成实践任务，而不是积极主动地参与实践活动，从而影响实践教学的效果。例如，学生可能会为了写出一份漂亮的实践报告而在网上抄袭资料，或者只注重实践活动的表面形式，而不深入思考和参与实践过程。这种评价方式不足以客观公正地反映学生的真实的实践情况，一定程度上降低了综合素质评价的公平性，难以成为判断学生教学实践活动成果的依据。

忽视实践过程的考核评价无法为教师提供有效的反馈信息，教师无法了解学生在实践过程中的问题和需求，也无法及时调整教学策略和方法。同时，这种评价方式也无法激励教师更加注重实践教学的过程管理和指导，从而影响实践教学的质量和水平。

4. 缺乏科学量化的考核标准

当前，高校实践教学的考核标准往往不够明确，缺乏具体的指标和要求。例如，对于学生在实践活动中的表现，仅以"积极参与""表现良好"等模糊的表述来评价，而没有具体说明什么样的行为属于积极参与、表现良好的标准是什么。这种模糊不清的考核标准使得教师在评价学生时缺乏客观依据，容易出现主观随意性，导致评价结果的不公平性。部分高校的实践教学评价过于侧重对教学结果的评价，没有制定关于教学过程的评价指标，导致无法对教师的前期准备工作和活动过程中的跟踪指导以及学生在实践过程中的实际情况和参与情况进行全面监控，制约了教学评价作用的发挥，同时无法形成完善的监督体系，制约了实践教学活动的复盘总结。另有一部分高校缺乏科学量化的考核标准使得教师在评价学生的实践成果时感到困惑，不知道如何准确地给出成绩，从而影响了考核的公正性和客观性，比如学生在实践活动中解决问题的内在想法和思想变化，由于缺乏考评制度的灵活性导致无法对此类情况进行评定，最终无法准确体现学生的实践成果。很多高校的考评缺乏统一标准，不同教师在实践教学考核中可能采用不同的标准，缺乏统一的规范。例如，有的教师注重学生的实践报告质量，有的教师则更看重学生在实践活动中的表现。这种缺乏统一标准的情况会导致学生在不同教师的课程中得到不同的评价结果，影响了学生对实践教学的重视程度和参与积极性。

由于考核标准不明确、难以量化，学生不知道自己的努力方向和目标，容易产生迷茫和困惑。他们不清楚什么样的表现才能获得好成绩，从而降低了学习的积极性和主动性。例如，学生在参与社会实践活动时，可能会因为不知道如何达到考核要求而敷衍了事，或者只是为了完成任务而参与，而不是真正地投入到实践中去，从中获得思想上的提升和成长。

缺乏科学量化的考核标准使得教师在指导学生实践时也缺乏明确的方向和重点。教师不知道应该如何引导学生在实践中达到更好的效果，从而影响了实践教学的质量。例如，教师可能无法准确地指出学生在实践中的不足之处，也无法给予有针对性的建议和指导，使得学生在实践中难以得到有效的提高。

没有科学量化的考核标准，学校在对实践教学进行管理和评估时也会面临困难。学校无法准确地了解实践教学的效果和质量，也难以对教师的教学工作进行客观的评价和监督。例如，学校在进行教学质量评估时，由于缺乏统一的考核标准，难以对不同教师的实践教学进行比较和分析，从而影响了教学管理的科学性和有效性。

5. 考核评价缺乏激励机制

现行的一些思想政治理论课实践教学评价体制缺乏激励机制的内容，首先对于学生的表现往往只有期末成绩上的分数体系，但是差值并不大，无法真正激励学生的实践动力；忽视对任课教师的奖励，使得教师在整个实践活动中做了很多必不可少的工作却得不到认可，极大地打击了教师的工作热情。这些都导致师生内在动力缺乏，在实践教学中表现的积极性都不太高。教师组织实践教学活动的积极性不高，主要表现为缺乏提前规划课堂内容和实践教学活动，实践教学的规划性和组织性较差。学生参加实践活动的积极性和主动性不足，主要表现为很多时候教师组织的实践活动学生参与度较低，但是为了得到学分不得不参加活动，只能在实践教学活动中应付了事，无法发挥内在潜力，也没有在实践中真正找到活动的乐趣，导致获得感缺失，使思政课实践教学无法发挥出应有的作用。为了改变这种应付实践教学的做法，需要建立带有激励机制的实践教学评价体系，可以真正激发教师和学生的积极性，激发他们的潜能，让教师全身心投入教学活动的组织策划和评定中，与学生打成一片，让学生可以在实践教学中真正激发自身实践热情与创新动力，不断淬炼真才实干。

二、对大学生思想政治理论课实践教学成绩的考评

科学的评价体系，能够有效调动学生参与活动的积极性和主动性。围绕学生德智体美劳全面发展要求制定实践教学评价体系是开展实践教学活动的应然要求。为了不断提高实践教学的质量和水平，提高实践教学的实效，就必须注意总结考核，建立科学的考核指标体系。

（一）大学生实践教学成绩考评的总体要求

首先，要紧扣思政教育目标。考评应紧密围绕大学生思想政治理论课的教育目标，即培养学生正确的世界观、人生观、价值观，增强学生的政治认同、思想认同、理论认同、情感认同，提高学生的思想政治素质。例如，在"毛泽东思想和中国特色社会主义理论体系概论"的实践教学中，考评要着重考查学生对中国特色社会主义理论的理解和运用，以及在实践中展现出的对国家发展、民族复兴的责任感和使命感。

其次，提高实践教学考评评估主体参与性。建立多元主体评估队伍是克服当前思想政治理论课实践教学评估主体单一弊端的一项重要举措。要充分发挥学生、教师、社会、企业、家长等多元评价主体的作用。发挥这几方之间的互动作用，形成完善的实践教学质量评价体系，在良性互动中全面掌握实践教学的进展情况。通过自评、互评、他评等方式，从不同的角度、立场、标准出发综合评估思想政治理论课实践教学，提高评价的公正性、客观性，构建一个科学、合理、公正的多元化评价体系，避免评价主体单一而产生的主观臆断和视角偏差。通过强调多主体共同参与、平等参与，能够调动与实践教学工作相关人员参与实践教学评估的积极性，促进各评估主体平等对话与交流，通过整合多元化主体的多方意见，形成实践育人评价反馈机制，从中发现实践教学过程中各方视角下活动展开的可行性和整改的方向性，保障思政教育与社会实践工作相融合，逐步完善实践教学的计划和推进方法，增强参与各方的满意度和体验感，顺利推动实践活动的开展，确保实践活动的可行性和有效性，加快实践教学育人长效机制的形成，推动新时代高校实践育人工作走深走实。

再次，更加重视对学生的实际成果考评。区别于理论教学的考核，实践教学成绩考评要突出实践特色。注重考查学生在实践活动中的参与度、体验感、思考深度和行为表现，检验学生是否将思政理论转化为实际行动。对学生进行实践教学活动考评应该从两个方面进行：第一，在制定思想政治理论课实践教学评估指标时，应对能力与方法与情感、态度、价值观方面价值性评估。例如，在实践教学成绩评定中，定量部分可以占60%，包括实践报告成绩、考试成绩等；定性部分占40%，由教师评语、小组互评、个人自评等组成。以此检验学生在实践活动中的综合素质培养效果，巩固学生思政理论知识的学习，促进理论联系实际实效，切实培养学生的理论自觉和实践自觉。第二，以教学效果考评检验任课教师的理论教育效果、实践培养方案成效，及时纠正教学存在的问题，积累成功经验，实现实践育人提质增效。

最后，倡导综合性评价，构建多样化创新考核体系。创新实践教学考试考核办法，探索建立科学全面准确评价学生思想政治理论课实践教学修读效果的评价体系是思想政治理论课教育教学管理体系的重要内容之一。让各级各类评价回归教育本真，减少为了争名逐利的弄虚作假。实践教学考评应努力实现全方位、全过程的考评。将学生实践课参与情况、课外活动情况、社会实践情况等，予以综合考量、过程跟踪，建立"政治认同""家国情怀""法治意识""道德修养""文化修养"等多维度一体贯通的评价指标。全过程全要素记录学生的实践表现和能力提升情况，将其纳入学生的综合考评之中，形成以深度考评为基础的全方位、全要素评价，增强实践教学评价的系统性、关联性。

（二）思想政治理论课实践教学成绩考评主要方法

1. 结果考评与过程考评相结合的方法

在大学生思政课实践教学中，将结果考评与过程考评相结合是一种科学有效的考核方法，能够更全面、客观地评价学生的学习成果和综合素质。结果考评要求学生在实践活动结束后提交实践报告或作品，如调研报告、论文、视频、绘画等。对实践报告和作品进行评估，主要考查内容的完整性、准确性、深度和创新性。可以通过笔试、口试等方式对学生在实践教学中所学的理论知识进行考核。考试内容应紧密结合实践教学内容，考查学生对思政课理论的理解和应用能力。或者组织学生进行实践成果展示和答辩，让学生展示自己的实践成果，并回答教师和同学的提问。通过成果展示和答辩，可以考查学生的表达能力、逻辑思维能力和对实践内容的理解深度。

学生的情感体验、参与意识、创新意识等，需要教师根据学生在平时活动中的表现进行考量给分，这就需要进行过程考评。过程考评是根据学生在实践教学课堂上的表现，包括出勤情况、活动参与度、提出有价值的问题和观点给予的评价。过程考评更侧重于对学生在实践活动中的表现，如团队协作能力、问题解决能力、实践态度等进行考评。可以通过观察、小组互评、教师评价等方式进行考核，体现了知与行的统一。在过程考评中，院系要提高平时实践成绩在整体评价中所占的比例，逐步将实践教学全过程纳入课程考核评价范畴，全面考查学生的操作技能、实践能力和综合素质，确保实践育人取得实效。在进行成绩评定时，综合考虑结果考评和过程考评的成绩。对于结果考评成绩较高但过程考评成绩较低的学生，要进一步分析其原因，避免出现只注重结果而忽视过程的情况。例如，对于实践报告和考试成绩优秀但课堂表现和实践活动表现不佳的学生，教师可以在成绩评定时给予一定的扣分，并与学生进行沟通，引导学生重视实践过程中的表现。同样，对于过程考评成绩较高但结果考评成绩较低的学生，也要给予适当的关注和指导。及时将结果考评和过程考评的成绩反馈给学生，让学生了解自己在实践教学中的优点和不足。同时，根据学生的反馈意见，不断改进考评方法和标准，提高实践教学的质量和效果。例如，在成绩公布后，教师可以组织学生进行成绩分析和反思，让学生提出对考评方法的意见和建议。教师根据学生的反馈，调整下一次实践教学的考评方案，使考评更加科学合理。

2. 定量考评与定性考评相结合的方法

在思政课实践教学中，坚持定量考评与定性考评相结合是一种科学合理的考核方式，能够更全面、准确地评价学生的学习成果和综合素质。定量考评和定性考评各有优势，结合使用可以优势互补。定量考评能够保证评价的客观性和公正性，避免主观因素的影响；定性考评则能够关注学生的个体差异和发展潜力，提供更丰富的评价信息。

定量考评与定性考评相结合，能够整合成思政课的强大合力。定量考评是一个多维度的过程，它需要明确评价对象、目标和标准，针对每个可量化指标制定详细的评分标准，使考评过程更加公正、透明。评分标准可以根据指标的重要程度和难度进行权重分配。定性考评是教师通过观察学生在实践教学中的表现，对学生的态度、行为、能力等方面进行描述性评价。这种评价方式更加注重学生的个体差异和发展潜力。教师在对学生进行定性考评时，可以给予具体的评语和反馈，帮助学生了解自己的优势和不足，明确努力方向。评语应具有针对性和建设性，避免笼统和模糊的评价。比如，在实践报告的评语中，指出学生在分析问题时的独特视角和深入思考，同时提出进一步提高的建议，如加强论证的逻辑性、丰富案例的多样性等。

在成绩评定时，将定量考评和定性考评的结果进行综合考量。定量考评可以提供客观的数据支持，定性考评则可以补充细节和个性化的评价，两者相互结合，使成绩更加全面、准确。例如，对于实践报告的成绩评定，可以根据定量考评的得分（如格式规范、字数达标等）和定性考评的评语（如内容的创新性、分析的深入程度等）进行综合考虑，确定最终成绩。

在实践教学过程中，根据实际情况不断调整定量考评和定性考评的方法与标准。随着教学的进展和学生的发展，可能需要对考评指标和评分标准进行优化，以更好地适应教学需求。例如，在实践教学初期，可以重点关注学生的参与度和基本技能的掌握情况，采用相对简单的定量考评指标；随着教学的深入，逐渐增加对学生创新能力和综合素质的考查，调整定性考评的比重和要求。

总之，在思政课实践教学中坚持定量考评与定性考评相结合的方法，能够充分发挥两种考评方式的优势，全面、准确地评价学生的学习成果和综合素质，为提高思政课实践教学质量提供有力保障。

3. 教师考评与学生考评相结合的方法

学生自评、同学互评与教师测评相结合的多主体评价方式具有诸多优势。首先，这种评价方式能够从不同角度全面评价学生的学习情况。学生自评可以让学生更加深入地了解自己的学习过程和学习成果，发现自己的优点和不足。同学互评则可以促进学生之间的相互学习和交流，让学生从同伴的角度了解自己的表现，同时也能够培养学生的合作精神和团队意识。教师测评则可以从专业的角度对学生的学习进行指导和评价，为学生提供更加客观、准确的反馈。多主体评价还能形成良好的学习氛围。在小组互评的过程中，学生可以相互学习、相互启发，共同进步。学生互评可以促进学生之间的交流和合作，增加班级凝聚力。学生可以互相评价和交流自己的观点，这有助于学生进一步了解彼此。同时，学生互评还可以提高学生思维的批判性和自我反思的能力。学生互评不仅可以帮助学生找到自己的不足，更重要的是可以帮助他们了解自己的优点和长处，增强自信心和自我认识，对学生未来的发展大有裨益。教师评价能够更加全面地了解学生的情况，帮助学生更好地发展自己的潜力。多方评价为院系提供更具体的教育数据和评估指标，以便院系可以更好地建立起实践教学的教育框架和管理体系，从而更好地促进实践教学的长远发展和教育质量的提高。同时，同学之间的互评也能够激发学生的竞争意识，促使他们更加努力地学习。通过教师、家长的评价参与，能够充分尊重学生的个体差异与发展规律，为学生创造一个动态发展、循序渐进的成长环境。在教师考评和学生考评相结合的评价体系下，学生能够进一步理解教学评价的目的和价值，积极参与评价活动，并接受评价结果和反馈的指导。

（三）思想政治理论课实践教学成绩考评激励机制

在思想政治理论课实践教学中，建立有效的成绩考评激励机制对于提高教学质量、激发学生学习积极性具有重要意义。

1. 实践教学考评的精神激励

通过合理的成绩考评激励机制，让学生认识到思想政治理论课实践教学的重要性，激发他们积极参与实践活动的热情，提高学习的主动性和自觉性。给予荣誉称号、证书等精神奖励，让学生获得成就感和荣誉感。精神奖励可以增强学生的自信心和自我认同感，激励他们在今后的学习中更加努力。例如，评选"实践之星""优秀实践团队"等荣誉称号，并颁发证书；在学校宣传栏、网站等平台上展示优秀学生的事迹和成果，为其他学生树立榜样。对优秀的实践教学成果以及在实践活动中表现优异的、展现创新精神的学生，学院要积极组织开展思想政治理论课实践教学成果展，通过微博官方号、微信公众号、抖音等网络新媒体途径，宣传实践活动中的优秀事迹、实践成果和心得体会，让学生获得强烈的成就感和荣誉感。在入党申请及党员发展对象选拔中，对参与实践教学活动中有过突出表现的学生给予加权考量，以此作为学生是否能做到理论联系实际的依据。在学生干部选拔和评优评先的过程中，将学生的社会实践能力纳入考量因素之一，对于参与过社会实践活动并取得优异成绩的学生，优先考虑其成为院各个学生组织干部或获得相关奖励。

2. 实践教学考评的物质激励

在思政课实践教学中，物质奖励可以作为一种有效的激励手段，激发学生的积极性和参与度，提升学生的实践动力。制定明确的奖励标准，根据学生在思政课实践教学中的表现进行评定。奖励标准可以包括实践报告的质量、参与度、团队合作、创新能力等方面。设立奖学金、奖品等物质奖励，对在实践教学中表现优秀的学生进行表彰。物质奖励可以激发学生的竞争意识，提高他们的学习积极性。例如，设立思想政治理论课实践教学专项奖学金，奖励在实践活动中表现突出的学生；或者为优秀学生提供有价值的奖品，如书籍、学习用品等。为表现优秀的学生提供更多的学习和发展机会，如推荐参加学术竞赛、社会实践活动、实习等。机会奖励可以拓宽学生的视野，提升他们的综合素质。例如，推荐优秀学生参加全国大学生思想政治理论课实践教学成果展示活动；为学生提供到企业、社区等单位实习的机会，让他们在实践中锻炼自己的能力。

物质奖励只是一种激励手段，不能过度依赖。在思政课实践教学中，更应该注重培养学生的内在动力和兴趣，让学生真正认识到思政课的重要性和价值。例如，不能仅仅以物质奖励为目的来开展实践教学活动，而应该通过引导学生思考、讨论、实践等方式，激发学生的学习热情和主动性。总之，在思政课实践教学中，物质奖励可以作为一种有效的激励手段，但要注意选择合适的奖励物品、确定合理的奖励标准和方式，并避免过度物质化。同时，要结合精神奖励，培养学生的内在动力和兴趣，提高思政课实践教学的效果。

三、对思想政治理论课实践教学指导教师的考评

实践教学队伍是高校师资队伍的重要组成部分，是高校实践教学活动的主要承担者，肩负着培养大学生实践能力、应用能力以及创新精神的重任。高校思政课的极端重要性决定了开展思政课教师评价、建立正向激励反馈机制、促进教师形成落实课程使命内生动力的必要性。

（一）高校思政课实践教学教师评价存在的问题

高校思政课教师队伍建设，离不开科学准确的教育教学评价机制，但现有教师教育教学评价机制并不能准确反映与科学评价思政课教师的投入与产出，

教学评价体系存在一些问题，高校思政课实践教学对教师的考评亟须改进。通过对已有高校思政课教学评价体系进行分析，主要发现以下几方面不足。

1. 评价主体的划分不够清晰

以往对思政课教师教学效果的评价往往来自于马克思主义学院根据学生期末成绩和课堂上座率为指标进行年终考核，但这样的考核评价方式并不全面，尤其是实践教学成果检验往往只依据学生提交的实践报告等学习成果对教师的教学质量进行考核。但思想政治工作从根本上说是做人的工作，因此思政课教师评价无法通过一次性的、量化的总结评价而实现。思政课的特殊属性决定了对思政课教师的教学效果考评不能由单一主体进行评定，与此同时，还应关注"由谁来评"的问题，区分好不同主体的评价重点。现实中，对教师师德师风、专业素养、教学指导能力等方面进行评价应该由学校层面和学院层面的教学督导和学院领导进行跟踪式评价，可以根据学生在网上的匿名评价和对学生发放调研表的结果进行评析。必须掌握学生的价值观现状、发展需求以及现有问题，因此，必须把学生评价纳入评价主体中。学生评价主要针对教师前期设计的实践教学计划、实践过程中的指导效用、实践后的总结反思等方面。评价主体的责任划分不够清晰、评价内容的导向作用不够充分，易导致评价过程流于表面化，致使实践教学活动得不到有效检验、对实践教学教师评与不评一个样的局面。

2. 评价内容的设计不够详细

长期以来，我国教师评价中的"五唯"（唯分数、唯升学、唯文凭、唯论文、唯帽子）现象突出，虽然教育部对"五唯"现象进行批判，并出台了相关文件进行整改，但在现实中依然不同程度地存在以科研项目、文章级别为思政课教师职称评定主要指标的现象，导致思政课教师仍将教学重点放在理论知识教学上，并将工作重心始终放在科研成果、论文发表上，这在很大程度上影响了对实践教学的积极性和创造力。因此，对思政课教师教学成果的认定在内容上有待丰富、在程序上有待优化。比如，思政课教师在实践教学中涉及的活动方案、在实践活动中为学生提供的指导性帮助、带领学生在实践活动中获得的奖项、带领学生在校内实践中进行的社团建设等方面的内容并没有纳入思政课教学效果评价系统，在一定程度上影响了思政课教师实践育人的积极性。除此之外，关于实践教学目标的达成、教师进行实践教学的顶层设计、实践教学资源的运用方式如何等都未能纳入考核评价的指标中。思政课教师实践教学效果独立考评体系中如何细分教师对学生思想等符合思政课教师角色的相关指标内容还有待进一步研究。

3. 评价结果的运用机制没有形成

现有的实践教学评价体系纷繁多样，各种指标量化看似面面俱到，但实际运行过程中仅仅停留在简单的罗列上，对各种指标之间的内在联系与衔接程度并未详细展现，这在很大程度上为思政课教师的实践教学活动带来负担，真正涉及思政课实践教学质量的核心指标反而没有充分体现。目前，对于实践教学评价大都指向学生的"做"，大多看学生实践了什么项目，提交的实践成果质量，但是忽略了教师的"教"，即便是考核教师的"教"，也仅考量实践中的教学因素，忽略了课外实践中的各项影响因素。这种评价往往过于简单化和形式化，只注重一时结果，不注重长期过程，只注重表面问题，不注重工作实质，没有对教师的整体工作作出评价，也难以对教师起到激励作用，有时甚至起到负面影响。并且不将对实践教学的"教"作为职称评审的重要条件，而不与奖惩建立关联的评价、不与育人质量提升建立反馈的评价可能很难起到强化和促进教师提高的效用，也无益于促进教师个人的发展。在职称评审、科研成果认定这些与教师利益密切相关的评价环节中依然重视科研导向的现象并未得到根本性扭转，亟须完善思政课教师评价体系，使其既能突出思政课课程属性的特殊性，又对标课程效果的实现，构建起适切的、能够起到激励导向作用的机制。

（二）对思政课教师考核评价的结构与设计

高校教师队伍建设状况直接关系到实践育人包括思想政治理论课实践教学的成败和成效。因此，对高校教师队伍建设状况进行考评是十分必要的，目的是评建结合，以评促建，以评促管。2018 年，教育部印发的《新时代高校思想政治理论课教学工作基本要求》提出，要"建立健全多元评价机制，采用教师自评、学生评价、同行评价、督导评价、社会评价等多种方式，对教师教学质量进行综合评价"。2019 年，中共中央办公厅、国务院办公厅印发的《关于深化新时代学校思想政治理论课改革创新的若干意见》明确提出了"切实改革思政课教师评价机制"的任务，以及在思政课教师职务晋升中"进一步提高评价中教学和教学研究占比"的要求。2023 年，教育部印发的《普通高等学校马克思主义学院建设标准（2023 年版）》也特别强调了要注重教学效果评价。因此，加强对实践教学指导教师的监督性考评是很有必要的。应从以下几个方面着手。

1. 学校教务处等部门的监督把控

高校教务处为全校思想政治理论课实践教学的职能管理部门，通过对实践教师的监督把控，可以及时发现和纠正教学中存在的问题，确保教学内容的准确性、教学方法的有效性和教学过程的规范性，审核思想政治理论课教师实践教学的工作量。

由学校教务处统筹制定实践育人管理规范性文件。健全的管理规章是对实践教学指导教师开展有效质量监控的前提和依据。各高校应结合自身实际和专业特点，制定实践育人管理规范性文件。这些规范性文件的主要内容有：一是把实践育人放在与教书育人同等重要的地位，通过深刻剖析高校实践育人的新时代内涵，正确认识实践育人在人才培养中的价值，扎实推动实践育人，健全组织管理方式，形成马克思主义学院、宣传部、教务处、学工部、团委等部门协调配合的实践育人工作机制。二是落实中央文件规定的实践教学的学时和学分，把实践教学纳入常规性教学计划中，根据人文社会科学类本科专业实践教学应不少于总学分（学时）的15%、理工农医类本科专业不少于25%、高职高专类专业不少于50%，师范类学生不少于一个学期，专业学位硕士研究生不少于半年的要求，制定并逐步落实实践育人教学工作的有序开展和落实。三是制定实践育人专项经费使用办法，学校应设立学生实践教学专项经费，学校年度实践教学经费由教务处统筹管理的部分称为"校级实践教学经费"，其余由各学院根据预算进行管理与使用的部分称为"院级实践教学经费"。每年初财务处按学生生均标准核定，并按批复的预算数划拨至各专项费用账户，教务处负责编制并报送年度实践教学经费预算，并按核定批准的预算执行，原则上不得随意更改。教务处认定的实践教学，其所发生的各类费用，在活动前思政课教师带领的班级应提交经费使用计划，经过学校经费管理机构审核后，方能划拨经费。经费使用过程中，应进行严格的财务管理和监督，确保经费的有效使用。四是建立一套符合各高校实际的实践育人教学质量评价体系，制定并不断完善实践教学教师工作绩效的考核办法和表彰奖励机制，将考核结果作为思政教师职称评定、职务晋升、评优评奖的重要依据，这极大地激励了教师提升自身素质，努力在教学和科研等方面取得更好的成绩。

2.马克思主义学院的考评

马克思主义学院作为高校思想政治理论课教学的主阵地，对实践教学指导教师的考评至关重要。科学合理的考评机制能够激励教师不断提升教学水平，确保实践教学质量，为培养具有正确世界观、人生观和价值观的社会主义建设者和接班人奠定坚实基础。

制定实践教学教师考评的相关规范性文件。马克思主义学院要建立严格的考评制度，规范实践教学的各个环节，确保实践教学活动按照教学计划和要求有序进行。这些实施细则主要有：在课堂教学中是否采用了多样化的教学方法和手段，如案例教学、小组讨论、实地调研等，以提高学生的学习兴趣和参与度。任课教师在课堂教学期间安排部署实践教学，在实践教学前要对学生开展专题培训、布置任务、提出要求。在学生社会实践过程中，任课教师要给予跟踪指导，以保证社会实践正确方向及质量等。社会调查、参观学习等实践活动结束后，任课教师要评阅学生的实践报告，并结合学生在整个实践教学活动中的表现，综合评定每个学生的实践教学课程成绩。是否积极与学生互动和交流，解答学生的问题，关注学生的学习情况。通过这些"实施细则"的落实，一方面规范教师的实践教学指导工作，另一方面也防止教师对实践教学指导工作的敷衍、搪塞现象的发生，并对实践教学教师的教学质量进行全面、客观、科学的考察。

采取多元化的考评方法。对实践教学指导教师的考评应涵盖多个方面。要坚持原则性与灵活性相结合的原则。认真贯彻学校有关文件精神，在正确执行文件的基础上，结合马克思主义学院实际情况，工作态度和工作实绩考评相结合，教学、管理、服务并重，日常工作与特色工作并重。如根据学生对教师进行的自主评价。学生给出的评价要有充分、合理的依据，学院要将发放给学生的调研问卷认真做好记录，以备归档、查验。教学成果考核从课程内和课程外多方面考量，包括学生学习成绩、课堂参与度、对思政理论的理解和应用能力以及特色校本课程开发、时事政治课程讲授、思政教育实践活动组织等。要将教师为发挥思政课的社会辐射作用开展的各类咨询、讲座、报告等纳入评价指标。在这几个方面都做得较好的，将作为评选实践教学优秀指导教师的主要依据。在教学成果显著的班级，任课教师可作为校本课程的重要参与者进行特色研究开发，并给予这部分教师一定的物质和精神奖励。同时，要以定量考核与定性考核相结合的方式，采取年度考核与日常考核相结合、群众评议和组织评价相结合等方法，强化考核的权威性。

需要说明的是，思想政治素质的测量与评价本身就是十分复杂和困难的。更何况，实践教学的效果评价不仅要参考大学生思想政治素质建立状况，而且要参考其变化和发展，并且还限于在一定时间段内在某一门课程的实践活动中，这就使考核评价更为复杂和困难。因为学生在思想观念和价值观上的变化很难归因于某一位教师，而是受到多重因素的影响，更何况，对学生情感态度价值观的测量还存在布卢姆所说的"可信性差距"[1]。因此，在制定思政课教师考核评价体系时，不宜将指标过度细化或量化。

3. 教师自评与他评相结合

教师自评与他评结合具有显著优势。教师自评能够促使教师进行自我反思，更好地认识自己的教学优势与不足。通过汇总每学期课程内外工作教案、工作记录、影像资料等，教师在年终对全年工作进行全面总结并撰写个人述职报告，这一过程有助于教师梳理自己的教学成果和成长轨迹。例如，一位思

---

[1] 本杰明·S.布卢姆.教育评价［M］.邱渊，王钢，译.上海：华东师范大学出版社，1987：494.

政课教师在自评中发现自己在教学方法创新方面还有所欠缺，于是在接下来的教学中积极探索案例教学、小组讨论等多样化教学方法，取得了良好的教学效果。

他评则可以从不同角度为教师提供客观的反馈。同行评价能让教师了解自己在教学方法、课程设计等方面与其他教师的差距，从而互相学习、共同进步。例如，在学校思政课教师之间的听课评价中，教师可以分享教学经验，共同探讨如何更好地将思政理论与实践教学相结合。同时，考核领导小组的评价能够从整体上把握教师的教学表现和职业素养，为教师的发展提供指导方向。教师自评与他评结合，既体现了对教师主体地位的尊重，又保证了评价的全面性和客观性。

4. 参与实践教学的学生反馈

学生评价在思政课实践教学指导教师考核中具有重要意义。首先，学生是教学活动的直接参与者，他们对教师的教学态度、教学方法和教学效果有着最直观的感受。例如，通过调查问卷等形式，学生可以反馈教师是否关爱学生、是否注重培养学生的学习方法和素质能力等方面的情况。其次，学生评价能够增强教师的教学责任感。当教师知道自己的教学表现将由学生进行评价时，会更加注重与学生的互动和沟通，努力提高教学水平以满足学生的需求。教师通过分析学生评价中的意见和建议，能够更好地了解学生的学习需求和心理特点，从而调整教学策略，提高教学的针对性和实效性。

制定科学合理的评价指标体系是确保学生评价有效性的关键。评价指标应涵盖教学态度、教学方法、教学内容、教学效果等多个方面，具体可包括教师的责任心、教学的趣味性、实践活动的组织能力、对学生的关注度、学生的学习收获等。同时，评价指标要尽量具体明确，便于学生理解和操作。例如，在教学方法方面，可以设置"教师是否采用多样化的教学方法，如小组讨论、案例分析、实地调研等"这样的具体指标。

利用学校的教学管理系统或专门的评价平台，让学生在网上对教师进行评价。网上评价具有方便快捷、匿名性强等优点，可以提高学生的参与度和评价的真实性。学校要确保评价平台的稳定性和安全性，同时要对学生的评价进行严格的管理和监督，防止恶意评价或评价不认真的情况发生。

（三）思政课实践教学教师考评奖惩机制

健全的评价反馈和奖惩机制在思政课教师教学质量评价中十分重要。评价反馈可以有效发现教学中隐性存在的不足并及时解决，而系统完善的奖惩机制则可以激发思政课教师参与实践教学的热情，调动教师参与实践教学计划建设、课程建设、教材建设、实习实训基地建设、进行实践教学研究的积极性，从而提高学校整体教学水平。

职业认同是调动高校思政课教师专注于教学的基础，也是办好高校思想政治理论课的重要因素。高校思想政治理论课教师激励机制的建立与完善，有助于增强高校思政课教师的职业认同。通过激励机制，教师可以得到合理的报酬和荣誉，获得个人成长和发展的机会，从而更好地履行自己的职责并实现持续进步。进而能够激发思政课教师的积极性和主动性，促使教师自觉提升自身实践教学能力，投入更多精力。也有助于提升实践教学教育质量，促进教育事业的发展。

高校思想政治理论课教师激励机制，坚持外在激励与内在激励相一致、物质激励和精神激励相统一、环境激励与情感激励相协调的原则，构建起一个完整的激励系统，有效地调动了高校思政课教师的积极性、主动性和创造性。高校要依据实践教学的最终效果，将考评结果分为优秀、良好、合格、不合格。

坚持分级分类考核，奖惩结合，对在培训及工作中成绩优异的教师予以一定的物质和精神奖励；对那些经过培训仍不能胜任工作的、工作中出现重大疏漏的，必须予以相应惩罚，或批评教师限期整改或调离岗位。

四、对思想政治理论课实践教学组织管理机构的考评

各类实践教学都必须有相应的教学文件、实施记录、实践报告和考核成绩。《教育部等部门关于进一步加强高校实践育人工作的若干意见》指出，各级教育主管部门"要把实践育人工作作为对高校办学质量和水平评估考核的重要指标，纳入高校教育教学和党的建设及思想政治教育评估体系"。因此，对思想政治理论课实践教学组织管理机构实施考评，是整个考评工作的又一重要环节。

（一）对实践教学组织管理机构考评的作用

对高校思想政治理论课实践教学组织管理机构的考评是一种督促性的考评，不仅对思想政治理论课建设，对整个实践育人机制建设都具有积极意义。

首先，通过考评，促进高校积极、自觉转变办学理念。马克思主义基本原理中提到，理论与实践是辩证统一关系。实践探索是马克思主义改造世界所必需的一种属性，也是马克思主义不同于其他理论的显著特征。高校是马克思主义理论教育的重要基地，高校要树立理论与实践并重，促进理论联系实际，用实践检验真理的先进教育教学理念，认真贯彻教育必须为社会主义现代化建设服务、为人民服务，必须与生产劳动和社会实践相结合的教育方针。思想政治理论课实践教学作为实践育人工作体系的重要组成部分，已成为高校深化教育教学改革、提高人才培养质量的重要方面。因此，建立实践教学组织管理机构考评体系，对于高校办学理念是一项重要考核。

其次，通过考评促进高校进一步加强实践育人的具体措施，抓好贯彻落实。受传统思想影响，当前高校仍然过于注重对学生的专业知识培养，从而导致高校思政实践育人教学并未真正落到实处。因此，通过考评，就是要促进高校思政教育走出课堂、走出学校的大门，建立起思想政治理论课实践教学长效育人机制，不断增强思政育人的深度与广度，为国家建设培养合格的后备军。

（二）对实践教学组织管理机构考评的主要内容

1. 对思想政治理论课实践教学组织管理的考评

首先，对工作机制的考评。考评能够促使高校明确思想政治理论课实践教学在学校事业发展中的定位，将其列入发展规划，为其提供长期稳定的支持。考评学校是否建立健全由学校党委统一领导、专门领导小组分工负责、各单位协同联动、全员共同参与的实践育人工作体系。考评党委书记、校长作为第一责任人，是否亲身投入实践教学，开始有计划地实践教学质量抽查，积极检验实践教学开展程度和阶段性成果，是否定期召开思政课实践教学阶段性总结汇报会，听取思想政治理论课实践教学工作汇报，解决实际问题。思想政治理论课按照"从本科思政课现有学分中划出 2 个学分，从专科思政课现有学分中划出 1 个学分，开展思政课实践教学。学生既可通过参加教师统一组织的实践教学获得相应学分，也可通过提交与思想政治理论课学习相关的实践成果申请获得相应学分"；"本科院校按在校本硕博全部在校生总数每生每年不低于 20元，专科院校每生每年不低于 15 元的标准提取专项经费，加强以教研室（组）为单位开展教师学术交流、实践研修等"[①]。通过组织管理考评，还要达到马克思主义学院和学校各部门之间各负其责、相互配合，保证学校宣传、人事、教

---

① 教育部.《新时代高校思想政治理论课教学工作基本要求》（教社科〔2018〕2 号）〔Z〕.2018–4–26.

务、研究生院（处）、财务、科研、学生处、团委等党政部门和思想政治理论课教学科研机构各负其责，相互配合，落实思想政治理论课教育教学、学科建设、人才培养、科研立项、社会实践、经费保障等各方面政策和措施。通过考评，明确马克思主义学院和学校各部门在思想政治理论课实践教学中的具体职责，避免职责不清、推诿扯皮的现象。以考评的压力促使各部门主动寻求合作，形成协同效应，共同为实践教学的开展创造良好条件。各部门的有效协作能够为实践教学提供更丰富的资源、更完善的保障，从而提升教学质量，增强学生的学习效果。

其次，对机构建设的考评。高校思政机构承担着培养德智体美劳全面发展的社会主义建设者和接班人的重要使命。在新时代背景下，通过科学合理的考评机制，能够有效优化高校思政机构建设，提高思政教育的质量和效果。根据高校思政机构的特点和工作要求，制定全面、客观、可量化的考评指标体系。考查思政机构的组织架构是否合理、管理制度是否健全、运行机制是否顺畅。严格按照考评程序进行操作，确保考评工作的规范、有序进行。

最后，对思想政治理论课专项经费使用状况的考评。思想政治理论课实践教学专项经费的使用必须专款专用，不得用于与思想政治理论课教育教学与研究工作无关的其他开支。落实"本科院校按在校本硕博全部在校生总数每生每年不低于20元，专科院校每生每年不低于15元的标准提取专项经费，用于教师学术交流、实践研修等，并随着学校经费的增长逐年增加"[1]的要求。要建立思想政治理论课教学专项经费监督体制，经费管理使用中存在违法、违纪、违规问题，任何部门和个人都可向学院纪检监察部门举报。做到专项经费安排

---

[1] 教育部．《新时代高校思想政治理论课教学工作基本要求》（教社科〔2018〕2号）［Z］.2018–4–26.

使用明确、专款专用。

2. 对思想政治理论课实践教学的教学管理考评

首先，对实践教学计划与组织的考评。考查实践教学计划的制订是否科学合理、教学组织是否严密有序，教学计划内的各实践教学环节必须按计划执行，教师不得擅自增减，客观情况不允许必须进行调整时，须报学院审批后才可落地执行。各实践环节实施方案的制定，教学大纲、实施细则、考核办法、实践环节的落实，指导教师的配备安排，基地的选定和建设都要有详细的计划实施通知。

其次，对课程设置的考评。考核包括课程设计应明确实践教学的目标，与思想政治理论课的教学目标相一致，能够培养学生的思想政治素质、实践能力和创新精神。考核教学方法是否多样化，是否能够满足不同学生的学习需求。列入计划的实践教学，要有规范的教学大纲、指导书和考核标准，以保证实践教学的质量和效果，从而保证实践教学体系的科学化、规范化。

再次，对实践教学基地建设的考评。通过考评促进学校重视实践教学基地建设，特别是逐步建立起相对稳定且形式多样的校外实践教学基地。高校教务处及马克思主义学院要认真开展校外实践教学基地核查工作。主要包括基地名称、面向专业、基地具体地址、合作时间、签订协议时间、是否在有效期、是否挂牌、是否仍在承担实践教学任务、基地条件能否满足实践教学要求等。核查完毕后，根据考评情况，及时填写《校外实践教学基地信息考评测量表》，据此制定新的基地整改方案。

最后，对实践教学方法和实践教学成果的考评。对实践教学的教学方法改革和实践教学成果进行考评，就是要促进高校重视实践教学实效性，不断创新实践教学方法，推动高等教育的实践育人机制创新建设，完善实践教学课程体系建设。马克思主义学院要积极制定评价指标体系和具体实施细则。在评估教学方法和实践成果时，需要收集相关的评估数据。评估数据可以通过问卷调查、实地观察、实际操作等方式获取。在收集评估数据时，需要保证数据的真实性和准确性，避免数据失真对评估结果产生影响。同时，还需要确保评估数据的全面性和代表性，以便准确评估实践教学成果。

（三）实践教学组织管理机构的主要考评方法

对思想政治理论课实践教学组织管理机构的考评方法可采取定期考评和随机抽查考评相结合的考评方法。定期考评是指按照一定的固定周期所进行的考评，如年度考评、季度考评等，教育部门和学校内部按照严格的考评标准对高校思想政治理论课实践教学的开展进行全面检查，从中发现问题，总结经验，及时整改。随机抽查考评即教育部门或高校内部教研室采取不定期随机抽查的方式，通过抽查教师实践教学计划开展记录、培训记录、学生上交实践报告等常规材料，及时了解监督思想政治理论课时间内教学进行情况和完成情况，使实践教学常规工作细致化、规范化。通过对高校思想政治理论课实践教学和实践育人工作情况进行抽查考评，能够发现实践教学中的问题，对实践教学的开展是一种激励，更是一种促进。

参考文献

[1]张洁.思政教育融入高校社会实践体系的路径优化[J].现代交际,2021(18):66-68.

[2]刘玉霞.高校思政课社会实践的理论逻辑与提升路径[J].中共郑州市委党校学报,2021(1):102-105.

[3]余鹏,杨道坤.大思政视域下高校思政教育社会实践模式[J].淮南职业技术学院学报,2021,21(5):39-41.

[4]任雪月.高校思政教育社会实践模式浅探[J].文教资料,2020(29):65-66,19.

[5]杜江鹏.大思政视野下高校思政教育社会实践模式及其价值[J].科教导刊-电子版(下旬),2022(1):60-61.

[6]刘惠."思政课"实践教学与大学生社会实践的统整[J].韶关学院学报,2013,34(1):170-173.

[7]谢贵兰.高校思政课志愿服务社会实践教学模式的实施[J].黑龙江教育(高教研究与评估),2013(1):87-89.

[8]兰启发.思政课教师参与大学生社会实践方式及其意义[J].长春工业大学学报(高教研究版),2015(1):38-41.

［9］肖云，庞永红，徐鲲.思想政治理论课实践性教学与大学生社会实践活动整合：焦点、难点与创新［J］.成都理工大学学报（社会科学版），2017，25（4）：109-113.

［10］蒋忠华，蔡富强，刘海泉.论高校思政课社会实践教学的问题与对策［J］.药学教育，2017（6）：60-63.

［11］徐家林.长效机制建设：高校"思政课"社会实践教学的可持续性和常态化探讨［J］.湖北社会科学，2013（12）：201-203.

［12］刘华，胡英.新时代背景下大学生社会实践的思政教育元素探析［J］.湘南学院学报，2021，42（1）：120-124.

［13］陈文耀，郭荣.思想政治教育元素在大学生实践活动中的应用研究［J］.科教导刊（上旬刊），2020（25）：84-85.

［14］严立艳.高职院校社会实践、志愿服务活动中思想政治教育元素研究［J］.国际公关，2020（11）：206-207.

［15］魏戳.社会实践教学对大学生思想政治教育工作的意义研究［J］.湖北农机化，2020，244（7）：121-121.

［16］王佳."八个相统一"视域下高校思政课混合式教学实效性探究［J］.决策探索（下），2020（5）：55.

［17］杨喜冬.高校思政课实践教学改革与大学生创新素质的培养路径［J］.劳动保障世界，2019（14）：45-46.

［18］姜宏刚，黄华.产教融合背景下校企共建校内实训基地路径实践研究［J］.滁州职业技术学院学报，2017，16（4）：16-18.

［19］那振宇，吴迪，徐爱德.新工科背景下高校校内创新实践基地建设探索［J］.黑龙江教育（理论与实践），2019（3）：3-4.

［20］李杰辉，郑双阳.应用型本科院校创新创业基地建设探索与实践：以福建江夏学院金融学院为例［J］.创新与创业教育，2019（1）：62-66.

[21]陈星,刘海为.基于创新创业的高校实践基地建设[J].文教资料,2019(4):141-142.

[22]苟建华.本科高校教学质量监测评估体系信息化平台的构建研究:以浙江外国语学院为例[J].高教学刊,2016(15):41-42.

[23]徐硕,欧阳霞."互联网+"时代财经类高校教学质量保障体系完善问题研究:以南京财经大学为例[J].兰州教育学院学报,2018,34(2):90-93.

[24]彭丽.高校实践环节的教学质量监控问题分析及对策研究[J].黑河学刊,2013(5):106-107.

[25]王军涛.转型发展背景下新建本科院校实践教学质量评价体系构建探析[J].教育现代化,2017,37(9):325-326.

[26]陈先达.马克思主义理论工作者的素养和品格[N].光明日报,2018-10-15(15).

[27]沈为英.红色文化资源运用于思政课实践教学的思考:以江苏高校为例[J].吉林广播电视大学学报,2019(5):37-39.

[28]赵建华.高校思政课教学中运用红色文化资源的实践探析[J].才智,2019(13):4.

[29]左江林,邓海鹰.高职院校实践教学质量评价体系构建研究与实践[J].装备制造技术,2020,8(2):175-178.

[30]冯博华."三师共育"实践教学评价体系的探索与实践[J].科技视界,2021(33)32-34.

[31]费利克斯·劳耐尔,赵志群,吉利.职业能力与职业能力测评:KOMET理论基础与方案[M].北京:清华大学出版社,2010.

[32]白淑珍,徐东亮.新时代高校思政课网络实践教学和评价体系探析[J].山西大同大学学报:社会科学版,2022,36(4):131-134,143.

[33]尚起媛.高校思政课实践教学考核评价体系探索[J].安顺学院学报,

2017，19（1）：46-48.

［34］戴志国，王庆华，徐娟.论高校"思政课"实践教学质量评价体系的建构［J］.韶关学院学报，2013，34（1）：187-190.

［35］冯德虎.建立高职高专实验教学质量评价体系的探讨［J］.高校实验室研究，2002（4）：69-72.

［36］刁洪斌.基于能力本位的高职生顶岗实习评价模式［J］.职教论坛，2010（11）：21-23.

［37］洪学娣，陈海霞.高职院校学生顶岗实习质量评价体系实施性研究［J］.工业技术与职业教育，2014，12（1）：29-31.

［38］姜玉娟，马明，杨晓冬，等.关于高职院校顶岗实习教学质量监控与考核评价体系的探索［J］.哈尔滨职业技术学院学报，2014（1）：17-18.

［39］教育部.新时代高校思想政治理论课教学工作基本要求［EB/OL］.http：//education.news.cn/2018-04/26/c_129859868.htm.

［40］用新时代中国特色社会主义思想铸魂育人贯彻党的教育方针落实立德树人根本任务［N］.光明日报，2019-03-19（1）.

［41］谢首军，陈庆庆.建设思想政治理论课"金课"的标准与类型［J］.中国大学教学，2019（2）：42.

［42］习近平谈治国理政：第2卷［M］.北京：外文出版社，2017.

［43］习近平在中国人民大学考察时强调：坚持党的领导传承红色基因扎根中国大地走出一条建设中国特色世界一流大学新路［N］.人民日报，2022-04-26（1）.

［44］全面推进"大思政课"建设［N］.中国教育报，2022-08-20（1）.

［45］千瑶，张洋洋.高职院校思政课实践教学探索［J］.才智，2022（1）：49-52.